Chat Generative Pre-trained Transformer

Chat GPT

と一緒に、
仕事効率化アプリ
をつくる方法

Programmer

熊谷基継
MOTOTSUGU KUMAGAI

CROSSMEDIA PUBLISHING

はじめに

　みなさんはChatGPTやGeminiなどのAIを普段使っていますか？アイデアを考えさせたり、文章を書かせたり人生相談したり….

　実はAIはプログラムも書くことができます。（どちらかというと得意）そのプログラムを使えば、エクセル処理や単純な事務作業などをあっという間に効率化して仕事を早くおわらせることができます。しかも無料で。

「そうはいってもある程度スキルが必要でしょ？」そう思っていませんか？

　はい、たしかに必要です。

　次の項目のどれか1つでもできる人はAIを使ってプログラムを書くことができます。

AIを使ってプログラムを書く条件

- ☑ メールが書ける
- ☑ LINEでやりとりができる
- ☑ 新人や部下に指示がだせる

　つまり、日本語でAIへの指示が書ければ、ChatGPTやGeminiのようなAIがプログラムを書いてくれるんです。

　書くことはAIがやってくれるので、必要なのは次の2つだけ。

- **・AIに指示がうまくだせるようになること**
- **・プログラムを読めるようになること**

　AIは万能にみえますが、現時点では回答にミスもありますし、種類によっては返ってくる回答の文字数制限もあります。複雑なプログラムをつくりたい場合は、なかなか一度ではうまくいきません。

　単純なものであれば「指示」だけで済みますが、より高度なものや、自分の思い通りのものを作るにはプログラムを「読める」ようになることが必要です。

　結局、AIの回答の善し悪しを判断するのは人間ですので、プログラムが

読めることがとても重要になってきます。

　本書は指示を出せるようになるだけでなく、プログラミングを読むスキルを身につけることで、自分が作りたいプログラムを最短で作れるようになる本です。

　特にこんな方にオススメです。

☑ プログラミングをこれから勉強しようと思っている
☑ プログラミングを一度学んだけれど挫折してしまった
☑ プログラミングをリスキリングとして学びたい
☑ プログラマーになってIT業界に就職・転職をしたい
☑ プログラムで業務を効率化したい

　本書を読み進んでいただければ、2つのスキルが身につきます。

・**ChatGPTに**「指示をうまく出す」**スキル**
・**そこからさらにレベルアップするための**「プログラムを読む」**スキル**

　今までは「プログラムを書けるようになりたい」「プログラムを活用したい」と思っても、一から学ぶことはとてもハードルの高いものでした。しかしChatGPTをはじめとする多くのAIの登場で、プログラムを書く必要がほとんどなくなり、圧倒的にハードルが下がりました。

　ぜひ新しいプログラミングの世界に一歩足を踏み出してみてください！

　　　　　　　　　　　　　　　　　　　　　2024年4月　熊谷基継

第 **1** 章

ChatGPT
×
Google Apps Scriptで プログラマーになる！

第 2 章
まずはChatGPTに
プログラミングを
書いてもらおう

第 3 章
これだけ
知っておけば大丈夫！
プログラミング基礎知識

第 **4** 章
プログラムリーディング メソッド

第 **5** 章

実践編

ChatGPTと一緒に、WEBアプリを作ろう！

第 6 章
ChatGPTが
あなただけの先生に！
プログラミングを
学習しよう

第 1 章

ChatGPT × Google Apps Scriptで プログラマーになる！

ChatGPTとは？

 衝撃のChatGPT

　2022年後半、Open AIという会社が対話型AIという、会話しながら使うAIを発表しました。それがChatGPTです。

　簡単にいえば、何か知りたい情報を尋ねれば答えてくれるAIです。

対話型AIは会話しながらほしい情報が引き出せる

ChatGPT 3.5 ⌄

HA **You**
次のうるう年は何年ですか

◎ **ChatGPT**
うるう年（閏年）は、通常、4で割り切れる年がうるう年ですが、ただし100で割り切れる年はうるう年ではありません（例外として400で割り切れる年はうるう年です）。最後のうるう年は2020年であり、次のうるう年は2024年です。

112文字 / 1単語　コピー　　　⌄

🗂 👍 👎 ↻

　AIの回答精度はどんどん上がっていますが、間違えることもときどきあります。

　ChatGPTが回答する内容はネット上の情報が中心なので、ネット上にあるものや学習させたデータに間違った情報が多ければ、間違う確率も高くなるということです。

　最終的に判断するのは人間ですので、出てきた回答を丸ごと信じるのではなく、あくまでもひとつの目安にするのがいいと思います。

　とはいえ、適当に書いた日本語の質問でも、その意味を理解し、回答してくれることはすごすぎるのひと言です。

ChatGPTの種類と料金体系

ChatGPTには無料で使えるものとそうでないものがあります。ここではざっくり知っておいてほしい2種類だけ紹介しておきます。

ChatGPT、3.5と4の違い

	ChatGPT3.5	ChatGPT4
料金	無料	有料
扱えるデータ	テキスト	テキスト/音声/画像
学習データ	2022年1月まで	2023年4月まで

詳しい料金が知りたい方はこちらをご覧ください。
https://openai.com/pricing

無料で使うのであればChatGPT3.5。質のいい回答を求め、音声や画像データを扱いたいならChatGPT4と考えればOKです。

それぞれturboと呼ばれる回答速度がはやいモデルが用意されています。

開発元Open AI社によると、アメリカの司法試験をChatGPTに受けさせたところ、3.5は下位10%の成績で4.0は上位10%になるという結果がでており、このことからも両者の質の違いがわかるかと思います。

［引用元］https://openai.com/research/gpt-4

本書では無料で使えるChatGPT3.5を使ったプログラミング学習方法、アプリの作り方について解説していきます。

ChatGPTがもたらす未来

私が最初にChatGPTを使ったとき、自分の仕事（プログラマー）はすぐになくなるなと感じました。それぐらいの衝撃でした。

実際に一部ChatGPTにプログラムを書いてもらうことで、いままで1カ月かかっていた開発の仕事も1週間程度で完成することができました。

　ChatGPTもまだ、複雑でミスのないプログラムを確実に出せるわけではないので、時間はかかるかもしれませんが、文章を書く仕事や、文字校正などの仕事は、現時点ですでにAIに任せられるといってもいいでしょう。

　創作面でも、高度なイラストや綺麗な写真もAIが作ってくれる時代になっています。

　行政などの手続き業務や医療診断、弁護士の判例調査など、単純作業やプログラムで効率化できる仕事からAIにとって代わられ、やがてはほとんどの仕事がAIに置き換えられる日も近づいています。

　AIの登場によって無くなる仕事もありますが、ChatGPTへ出す命令文（プロンプト）を作るプロンプトエンジニアという新しい職種も出てきています。悲観的に考えるよりも、今後はAIとどう付き合っていくか、どううまく活用するべきかを考えながら仕事をする、職種を選ぶ必要があります。

　うまく使えば自分の仕事を効率化できますし、創作や企画アイデア出しなど自分の仕事のサポートツールとしてとても役立ちますのでChatGPTを使わない手はありません。

　ネット検索のようにAIを日常的に使う時代がすぐそこまできています。

初心者におすすめの GAS(Google Apps Script)とは？

 無料で使えるプログラミング言語GAS

　本書ではプログラミング学習・アプリ開発に、Google Apps Script（以降 GAS)を使って解説していきます。GASとはGoogleが提供しているプログラミング言語（プラットフォーム）のことです。

　プログラミングを学ぶときに最初につまずくのが、プログラムを動かすための開発環境の準備です。どこに何を書いてどうすればプログラムが動くのかわからず挫折してしまったりすることも多々あります。

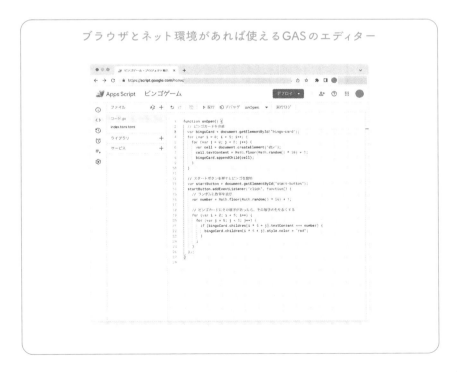

ブラウザとネット環境があれば使えるGASのエディター

Chapter 1
ChatGPT × Google Apps Script でプログラマーになる！

GASはブラウザとネット環境さえあればすぐに実行ができ、WEBアプリを作ることができます。学習を始めるときのハードルがとても低く、初めてプログラミングを学ぶにはぴったりの言語です。しかも無料で使えます。

 ## 業務効率化に向いているGAS

みなさんはGoogleが提供しているサービスを使ったことがあるでしょうか？

たとえばメールサービスのGmailやGoogleカレンダーはどうでしょう？Googleはこの他に表計算のGoogleスプレッドシート、文書作成のGoogleドキュメント、プレゼン用データが作成できるGoogleスライドなどMicrosoftのOffice製品に似たサービスを提供しています。

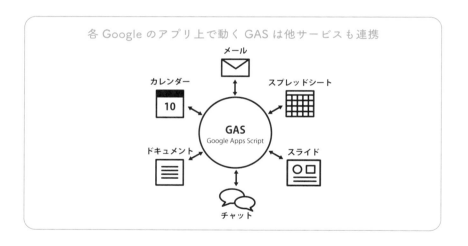

GASはこういったGoogleサービスでも動きますので、たとえば毎朝Googleカレンダーの予定をGmailに自動的にメールするといったことができます。

さらにChatworkなど、Google以外のサービスとも連携することもできますので、こういったサービスを使って仕事の劇的な効率化が実現できます。

03 : 誰でもアプリが作れる最強の 組み合わせ ChatGPT × GAS

 すぐに始められる ChatGPT × GAS

GASを使えばブラウザとネットだけですぐにプログラムを実行してアプリ開発や業務効率化ができます。プログラムはChatGPTが書いてくれるので、あとはそれをコピペするだけです。

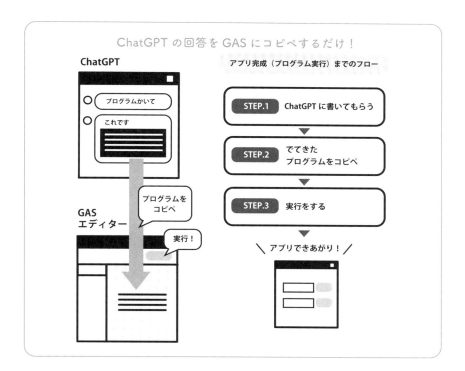

なので本当に必要なのは下の2つだけです。

・ChatGPTアカウント …… ChatGPT3.5を使うのに必要（無料）
・Googleアカウント ……… GASを使うのに必要（無料）

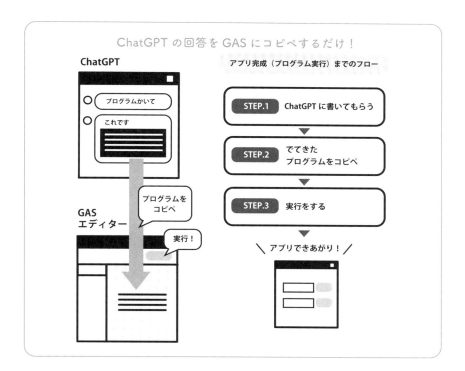

たったこれだけで、無料ですぐに始められるので、ChatGPTとGASを組み合わせて使うのが初心者には一番いい方法といえるでしょう。

プログラミング学習に最適なChatGPT

ChatGPTはプログラムを書いてくれるだけでなく、プログラミングの先生にもなってくれます。プログラミングにかかわらずですが、ChatGPTはいつでもどこでもすぐに教えてくれる個人指導の先生のようなものです。

たとえば、こんなことができます。
- ✅ 出てきたプログラムでわからないところがあれば、その部分について説明してくれる
- ✅ プログラムの練習問題と解答を用意してくれる
- ✅ エラーが出たら、なぜそのエラーが出たのかを教えてくれて、さらに修正してくれる

「わからなければ聞く」ということがいくらでもできるので、理解が深まります。人間の先生だとさすがに深夜に聞いたりすると嫌がられますが、AI先生であればいつでも答えてくれます。気をつけてほしいのは、ChatGPTは、いかにも正しいことをいっているように解答してくれますが、間違うこともあるということです。最後は人間の判断が必要です。
この本を読んでいて説明がわかりづらいところもChatGPTに聞けば理解できますね。笑

GASは覚えやすいプログラミング言語

GASは書き方にクセのない標準的なプログラミング言語の一つで、覚えやすい言語ともいえます。一度この言語を理解すれば、ほかのプログラミング言語をみても何をやっているのかがわかるようになります。
たとえばGASとほかの言語を比べてみたのが右上の図です。どうでしょう？ ほとんど一緒だということがわかりますよね。そもそもプログラムは3つの考え方だけでできているので、同じことをする場合は、言語が違って

も似たようなプログラムを書いています。すべての言語で if を使っていますよね。

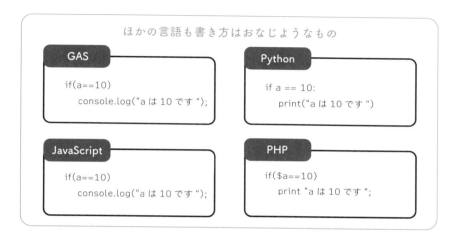

ほかの言語も書き方はおなじようなもの

GAS

```
if(a==10)
    console.log("a は 10 です ");
```

Python

```
if a == 10:
    print("a は 10 です ")
```

JavaScript

```
if(a==10)
    console.log("a は 10 です ");
```

PHP

```
if($a==10)
    print "a は 10 です ";
```

　WEB上で動くプログラム言語でよく使われるJavaScriptとほぼ同じなので、ある程度マスターすればフロントエンジニアというWEB系プログラマーも目指すことができます。一粒で2度おいしい言語ということですね。

プログラムを「読む」ことが
できればもうOK！

 プログラムが読めることの重要性

ChatGPTはプログラムを書いてくれますが、万能ではありません。

　たとえば
- ✅ 平気で間違った情報を出す
- ✅ 自分が思っている通りのプログラムを出してくれない
- ✅ 出してくれたプログラムを実行するとエラーがでる
- ✅ 一気にとても長いプログラムを書いてくれるわけではない
- ✅ ChatGPTの書いてくれた説明の意味がわからない
　などなど

　上記のように、ただ指示するだけでは自分が作りたいものができない場合が多々あります。
　そこでプログラムを「読む力」が必要になってきます。プログラムを読むことができれば、ChatGPTが書いてくれたプログラムが何をしているのかがわかるようになります。私も何度も経験しましたが、具体的に修正を指示しないとChatGPTが同じ回答を返してきたり、指示とは違う修正をしたりします。
　出してくれたプログラムが読めれば、「あ、たぶんここのあたりが違うな」ということがわかるのでChatGPTに明確な指示を出すことができ、望むプログラムを書いてくれる確率が高まります。
　逆に言うと「読む力」さえあれば、的確な指示が出せるので、プログラムが書けなくても、ChatGPTで作りたいものが作れるということになります。

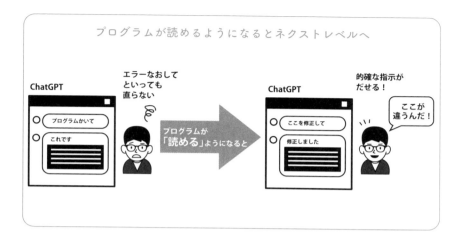

 **ChatGPTは一度に複雑なコードを
出すことはできない**

　現時点では、無料版のChatGPT3.5では回答するときの文字数に制限があるので、一回の回答で複雑で長いプログラムを出してくれることはありません。

　たとえば、ある有名なゲームをつくってほしいとChatGPTに質問したところ、次のような回答が返ってきました。

　○○ゲームを作成するには、HTML、css、JavaScriptを使用してゲームの要素を作成し、ゲームロジックを実装する必要があります。以下は非常に基本的な例です。これは非常に簡略化されたもので、実際のゲームではもっと多くの機能とデザインが必要です。

　このあとにサンプルプログラムが続くのですが、それをGASにコピペして実行してみると、■の物体がうごくだけで、私が想定していたゲームからは程遠いものになっていました。

　まさに、「基本的な例」にしかなっていませんでした。これをベースにゲー

ムに必要な機能を追加していく必要があります。

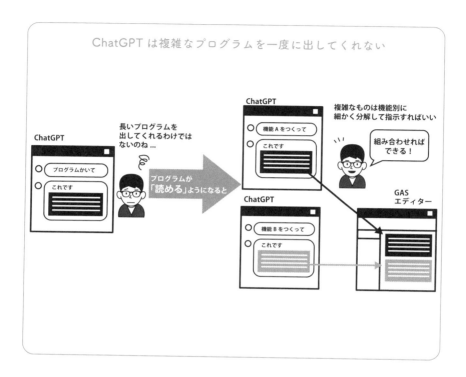

　このように、複雑で長いプログラムを1回で回答してくれることはないので、ゲームであればそのゲームの機能や操作方法をChatGPTが回答できる範囲に細かく分解して質問していく必要があります。

　そうやってChatGPTが出してくれたプログラムを組み合わせれば、複雑なものでも作ることができます。プログラムの構造を理解して読めるようになれば、そういったことも可能になります。

　どれくらい違うかというと、普通の人とジェダイマスターくらい違いがあります。

　プログラムを読むのは書くのと比べるとハードルがとても低いので、本書を読み進めればあなたもマスターになれます！

プログラムを読めるメリットはすごい

プログラムかいて

これです

プログラムが「読める」ようになると

読めるだけで全然ちがう!

- ✓ 複雑なものができるようになる!
- ✓ エラー修正など、AI に明確な指示がだせる
- ✓ プログラミングがスキルとして身に付く!

などなど

 ## プログラムを読むのは難しい?

　プログラムはいろんな命令の組み合わせで成り立っていますが、プロのプログラマーといえども、よく使うものは覚えていますが、すべてを覚えているわけではありません。日本語を話せる人が日本語の辞書に載っている言葉の意味をすべて覚えていないのと同じです。日本語を辞書で調べるのと同じように、プログラムの命令もわからなければ都度都度調べています。

　誤解しないでいただきたいのは、プログラマーは一からすべてをプログラムしているわけではなく、もともと用意されている便利な機能(命令)を組み合わせて作っているだけということです。

　プログラムの基本的な動きがわかれば、都度都度やりたいことを調べていけばプログラムは書けます。そしてChatGPTを使えば調べる必要もなく、質問して答えを教えて貰えばよいのです。

　実際、多くのプログラマーがネット検索よりも、ChatGPTに答えを求めるようになったと思います。ネット検索だと「これがおれの求めていたものだ!」というそのものズバリの回答を探すのには時間がかかりますし、結局みつからない場合も多くあります。私の経験則ですが、ChatGPTを使えばネット検索よりも的確な答えが短時間で見つかります。

少し話が逸れましたが、みなさんが思っているよりもプログラムというものは難しいわけでもないし、「なんだ！それを早くいってくれよ」という気づきがたくさん出てくると思います。

　どうでしょう、以前よりプログラムに親近感が持てるようになったのではないでしょうか。

たったこれだけ!? プログラムは「3つの考え方」でできている

 ## プログラムを構成する「3つの考え方」

一見難しそうに見えるプログラムですが、たった3つの考え方からできています。その3つの考え方とは「順番に実行」「条件わけ」「くりかえし」です。

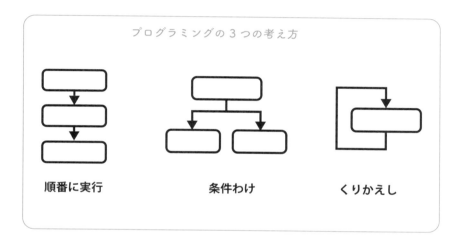

・**順番に実行**
　プログラムは上から順番に実行される
・**条件わけ**
　条件によって実行することを変える
・**くりかえし**
　何度も同じことを繰り返す

実はみなさんも料理や片付け、そして仕事にと、ふだんの生活でも自然とこの考え方を使って行動しています。プログラミングはみなさんが考えつかないようなものではなく、ふだん頭の中でやっていることと同じなんです。

もうすでにやっている
「プログラミング3つの考え方」

　プログラムは手順を考えてうまくいくように作るので、よく料理に例えられます。ひとつ例をあげてみましょう。

　右の図はカレーを作るときのプログラムです。

　フローチャートというものですが、料理をするときの行動に先ほどの3つの考え方が入っていることがわかると思います。

　まず、上から下に順番に料理をしていくというのが「①順番に実行」の考え方。

　煮込み始めて、煮込めたのかどうか判断して次にやることを変えるというのが「②条件わけ」です。条件は「煮込めたか？」ということになりますね。

　もし煮込めてない場合は煮込むことを繰り返すわけですから、ここが「③くりかえし」になります。

　仕事においても、今日1日のタスクや、プロジェクトに必要なタスクをフローチャート化するとこの3つの考え方が組み合わさってできているのではないでしょうか？　日常の生活にもあるこの「3つの考え方」さえ理解できればプログラミングもすぐにマスターできます。

　こう考えると「プログラミングってそんなにハードルが高いものではないのね！」って思えてきませんか？

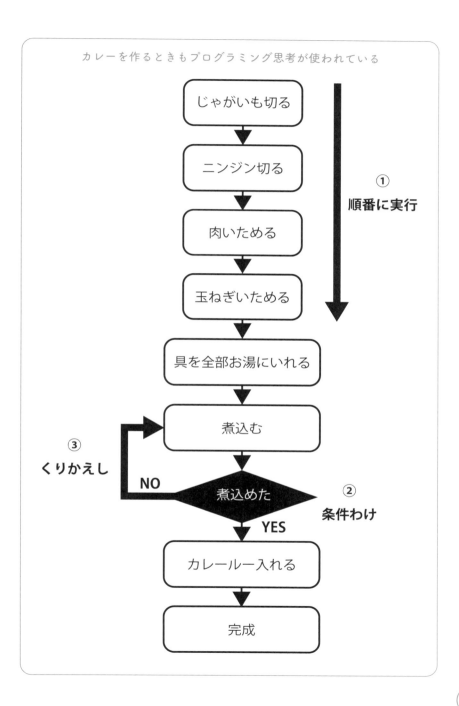

カレーを作るときもプログラミング思考が使われている

じゃがいも切る

ニンジン切る

肉いためる

玉ねぎいためる

具を全部お湯にいれる

煮込む

煮込めた

カレールー入れる

完成

① 順番に実行

② 条件わけ

③ くりかえし

NO

YES

プログラミングの5つの基本要素

5つの基本要素とは？

　もう少しプログラミングについての話をしましょう。

　プログラムは、3つの考え方で構成されていると先ほど述べましたが、プログラムを書くときは、次の5つの基本要素を考えながら書いていきます。

「分解」「順序立て」「分析」「抽象化」「一般化」

　最初はChatGPTに書いてもらうのでこのあたりは気にしなくても大丈夫ですが、知っておいて損はありません。プログラムを自分で読んだり書いたりするとき、この5つの要素を知っておくとより理解が深まります。ChatGPTに指示をするときもこれらを活用することができます。

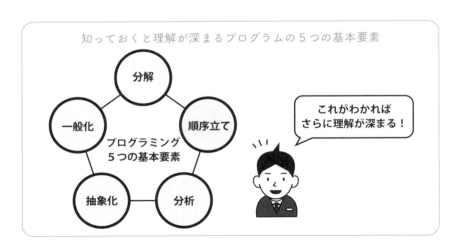
知っておくと理解が深まるプログラムの5つの基本要素

プログラミング5つの基本要素

分解・順序立て・分析・抽象化・一般化

これがわかればさらに理解が深まる！

　それぞれ仕事にも必要なスキルなので、プログラミング学習を進めれば自

然とそういった考え方が身につきます。

①分解

　作りたいもの＝ゴールを分解して、どうプログラムを組み立てるかを考えます。

　ChatGPTに指示を出すときも、自分の作りたいものを指示レベルまで細かく分解していきます。

②順序立て（組み合わせ）

　①で分解したものを順序立てて組み合わせることです。この組み合わせをするときに、3つの考え方「順番に実行」「条件わけ」「くりかえし」を使います。順序立てながらステップバイステップでChatGPTに指示を出すと、いい結果が出るといわれています。

③分析

　プログラムにバグ（間違い）がないか、効率化された処理ができているかなど、実行結果やプログラム自体を分析、検証します。

　もちろん「エラーが出たので直して」と指示を出せば、ChatGPTも対応してくれますが、同じプログラムを回答したり、間違いが直っていなかったりする場合もあります。

　プログラムが読めるようになれば「ここが違うんじゃない？」と明確に指示が出せるようになるので、自分がほしいプログラムが出せる可能性が断然高まります。

④抽象化

　あるものごとに対して特徴的なものを抽出したり、似ているもの同士の共通点を抽出したりすることです。

　プログラムでは効率化を図るために、同じようなことを何回も繰り返す場合は、それをまとめて一つにするということをします。

　後ほど説明するプログラムを読むスキルでは、この抽象化されたまとまりを見つけることから始めます。

⑤一般化

　抽象化したものをまとめてほかの人にも理解できるようにしたり、使える
ようにしたりすることです。プログラムの場合、同じことは関数やクラスと
いったものにまとめて、ほかのプログラムでも使えるようにします。誰でも
使えるようにする、これが一般化です。この一般化されたものも1つのまと
まりとしてプログラムを読んでいきます。

　以上5つの要素を意識しながらプログラムを書いていますが、ChatGPTも
もちろんそのうえでプログラムを書いてくれています。
　書くときだけでなく、プログラムを読むときにもこの5つの要素を意識し
ていれば、「あ、だからここをこうしているのね」と気づけるようになると思
います。

第 2 章

まずはChatGPTに
プログラミングを
書いてもらおう

まずはプログラムを
実行するための準備をしよう

 初めてのGAS

ChatGPTにプログラムを書いてもらう前に、プログラムを実行する環境を準備しましょう。

①Googleのアカウント登録（無料）

GASを使うにはGoogleアカウントが必要です。

すでにGmailやGoogleカレンダー、スプレッドシート等を使っている人はアカウントをお持ちだと思うのでここは読み飛ばしてください。

Gmailアカウントを持っていない人は無料のGoogleアカウントを以下URLから取得してください。

https://www.google.com/intl/ja/account/about/

本書ではアカウント取得方法については省略しますが、特に難しいことはありませんので安心してください。

②GASの実行環境を開く

アカウントが準備できたら、インターネットブラウザで、Googleドライブ にアクセスしてログインしましょう。

Google ドライブ

https://drive.google.com/drive/

Googleドライブは、GASやスプレッドシート、ドキュメントなどのデータを保存することができるクラウドサービスです。容量の制限はありますが、無料で使うことができます。

Googleドライブにログインできたら、左上の新規ボタンをクリックしてGASファイルを作成します。

新規＞その他＞Google Apps Script をクリックしましょう。

Google ドライブは自由にフォルダも作れるので、プログラミング学習用にフォルダを作成して、そこに使うファイルを整理しておくのもオススメです。以下のような画面が出た場合は「スクリプトを作成」をクリックして次へ進みましょう。

Googleドライブは、ネット上にあるので、たとえばエクセルを共有した
り、ワードを共有したりと、自分で作ったものをほかの人に共有して、みん
なで編集することができます。

　そういった機能があるため、「自分で作ったものが見られる可能性があ
る」という注意書きを上記画面でGoogleが表示しています。

　この時点では、自分で共有設定をしない限りほかの人からは見られないの
で安心してください。

　Googleドライブ自体が共有されていたりすれば、そのドライブにあるプ
ログラムも共有され、ほかの人でも見たり使ったりすることができるので、
そのことだけ覚えておいてください。

 ## GASエディターの使い方を覚えよう

「スクリプトを作成」ボタンをクリックしたので、次の画面が表示されま
す。

　本書ではこの画面を「GASエディター」と呼んでいきます。

　ここではGASエディターの主な操作について説明していきます。

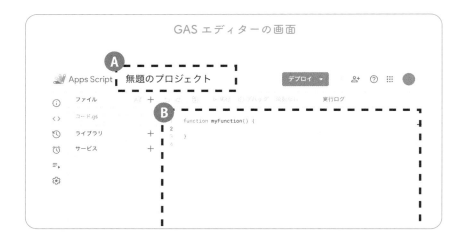

Ⓐ GASファイル（プログラム）の名前

まずはここをダブルクリックして、名前を変更しておきましょう。いつ作ったのかがぱっとみてわかるように日付情報もいれておくといいでしょう。

例）はじめてのプログラム20240401

Ⓑ プログラムを書くところ

実際にChatGPTに書いてもらったプログラムをコピーして、ここに直接貼り付けます。Ⓑのプログラムが書かれているところのうえに、さまざまなアクションボタンがあります。これらはプログラムの編集や実行でよく使うボタンになります。

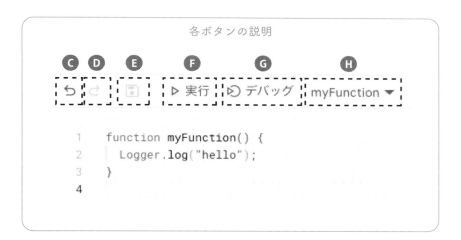

各ボタンの説明

Ⓒ もとに戻すボタン

1つ前の状態に戻すことができます。

Ⓓ やり直しボタン

取り消した操作をまたやり直すことができます。Ⓒの逆ですね。

Ⓔ 保存ボタン

現在のデータを保存します。

❺実行ボタン

書いたプログラムを実行することができます。

❻デバッグボタン

プログラムがどういう順番で実行されているかを検証するときに使います。初心者には高度な使い方になるのでいまはあまり気にしなくて大丈夫です。どこに間違い（バグ）があるかを探すときなどに便利な機能です。

❼実行するプログラムを選択できるボタン

GASでは、function ○○という名前を最初につけて関数というプログラムをいくつか書いていくのですが、複数のfunctionをエディター内に書いた場合は、どのfunctionを実行するかを選ぶことができます。このあたりはまたあとで説明します。

 ## GAS を書いてみよう

「プログラム」が一般的な言葉なのでいままで「プログラム」という言葉を使ってきましたが、これからは「コード」という言葉も使っていきます。

厳密に言うとプログラム言語を使って書かれたもの（命令文）をコード（ソースコード）と呼びます。

では試しにエディターに1行コードを書いて実行してみましょう。

```
↺ ↻ 🖫 ▷ 実行 ⟳ デバッグ myFunction ▼

1   function myFunction() {
2     Logger.log("hello");
3   }
4
```

①1行目にfunction(){ と書かれていると思いますが、そのすぐ下の2行目に次のプログラムを書きます。

```
Logger.log("hello");
```

②「保存」ボタンをクリックしてデータを保存します。

③デバッグボタンの横に「myFunction」と書かれているのを確認して「実行」ボタンをクリックします。

そのまま少し待つと実行結果が、エディターの下に「実行ログ」として実行結果が表示されます。3行ある実行ログの真ん中に hello と表示されているのがわかると思います。さっき書いたLogger.log("hello");がきちんと実行されて表示されたことになります。

「実行ログ」というのは、実行したときの記録だとおもってください。「何時何分にこれをやりました」というプログラム実行記録です。Logger.logというプログラムを書いてもらいましたが、これは実行ログに()内に書いたものを表示するという命令（関数）になります。Logger.log()を使うことで、プログラムが正しく動いているか検証することもできます。

どうでしょうか？ GASエディターの使い方はそんなに難しくないですよね。

　プログラムを書いて実行するのがGASエディターと思ってもらえればOKです。プログラムを書いたら実行する前に保存しないと、保存前の状態で実行されてしまいますので、書いたら保存→実行という手順はしっかり覚えておいてください。

 ## GASの2つのタイプ

　GASには次の2つのタイプがあります。

- **スタンドアロン型** … GAS単体のプログラム
- **コンテナ型** … Googleスプレッドシートや Googleドキュメントに紐づいた、ほかのアプリと連動したプログラム

　たとえばデータ登録したり検索したりする場合、データの保存にはスプレッドシートを使いますので、コンテナ型です。今回作ったような、ほかのGoogleアプリと連動しないものは基本スタンドアロン型だと思ってください。

　一応2つのタイプがあることをご紹介しましたが、やっているうちにどっちで作るかわかってきますので名称を覚えたりしなくても大丈夫です。

 ## GASを使う上での制限事項

　GASには現状、次の2つの制限があります。

- **スクリプト（プログラム）実行時間は最大6分**

　6分以上かかるプログラムを書くことはほとんどないので、こういう制限があるということだけ頭に入れておいてください。処理に時間がかかる大規模なものには向いていないということですね。

・メール配信は1日100通まで

　Gmailをつかってメール配信をするプログラムを作ることもできますが、1日の配信数に制限があります。

　※本書で扱うGASのバージョン はV8（2023年12月時点）になります。

ChatGPTを使ってみよう

 ChatGPT の始め方

いよいよChatGPTを使っていきます。すでに使っているという方は、読み飛ばしてください。

まずは無料アカウントを作りましょう。以下のアドレスにアクセスしてください。

ChatGPT

https://chat.openai.com/auth/login

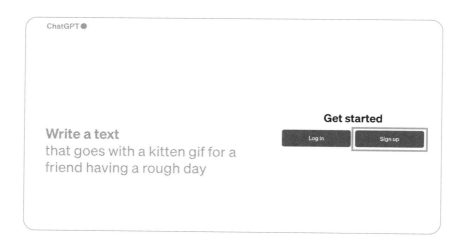

画面が表示されたら右側「Sign up」をクリックしてください。

メールアドレスを入力するかGoogle、Microsoft、Appleのアカウントを使ってアカウント登録をしてください。

メールアドレスを入力した場合はパスワード入力画面が表示されるので、パスワードを入力して進めてください。

　パスワードを入力して続けると、登録したメールアドレス宛に確認メールが届きますので、OpenAI社からのメールを開いて、「Verify email address」をクリックしてください。

　なかなかメールが来ないときは、メーラーの迷惑フォルダなどに入ってしまっていないか確認しましょう。

OpenAI からのメール

Verify your email address

To continue setting up your OpenAI account, please verify that this is your email address.

Verify email address

This link will expire in 5 days. If you did not make this request, please disregard this email
For help, contact us through our Help center.

「Verify email address」をクリックすると、名前と生年月日を入力する画面が表示されますので、入力して「Agree」をクリックします。

　これでアカウントも登録され、無事ログインできました。最初だけ注意書きが出てくるので、読んだら「Okay, let's go」をクリックしてください。いよいよChatGPTのスタートです。

 ## ChatGPTを試してみよう

　アカウントの登録が終わったらまずはどんなものか試してみましょう。
　まずは一番下にある入力フォーム（入力欄）に質問したいことを書いて、Enter/return（改行）キーを押してみましょう。

　メッセージを書くところの一番右にある↑ボタンを押しても質問を送ることができます。

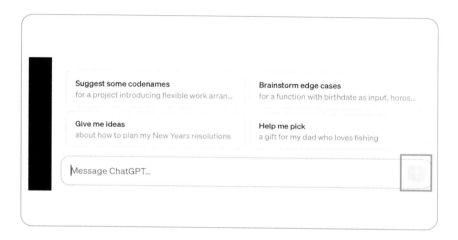

　「プログラムはかけますか？」と聞いてみたところ、以下のような回答が返ってきました。

　チャット（対話）型のAIですので、このようにChatGPTと会話のようにやりとりしながら自分のほしい情報を得ることができるようになります。

ChatGPTの操作方法

　ChatGPTの使い方はとてもシンプルです。ここでは、操作画面について
少し説明していきます。

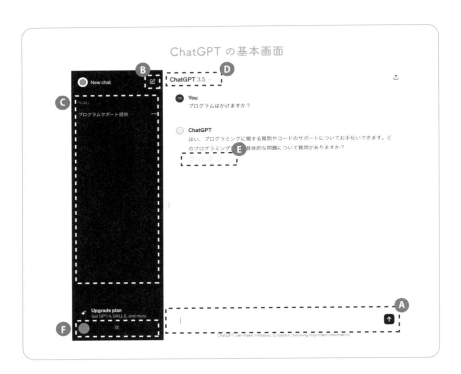

ChatGPTの基本画面

Ⓐメッセージを入力するフォーム

　Enter/return（改行）キーまたは↑ボタンでChatGPTにメッセージを送る
ことができます。改行して複数行書いて質問したい場合は、Shiftキーを押
しながら改行キーを押せばメッセージを送らずに文中で改行ができます。

Ⓑチャットを新規で作成するボタン

　チャットは1つのチャットでずっとやりとりを続けてもいいですが、
ChatGPTは前のやりとりを踏まえた上で回答してくれるので、何の前提も
なく、新しく一からチャットをしたい場合はこのボタンをクリックして、新

しいチャットを始めましょう。特にプログラムの場合は、何回やりとりして
も埒が明かなくなることもあるので、そういったときは新しいチャットを始
めることをおすすめします。

ⓒいままで作ったチャットの一覧

　タイトルは最初のメッセージをもとに、ChatGPTが勝手につけてくれま
す。各チャットタイトルの右にある…ボタンをクリックすることで、チャッ
トのシェア（ほかの人に共有）、名称変更、アーカイブ、削除ができます。

　アーカイブは、削除と違って、サイドバーに表示しないようにする機能で
す。削除と違って履歴として残しておくことができます。チャットを作り過
ぎて整理したいとき、あとで見直す可能性があるものはアーカイブしておく
といいでしょう。アーカイブしたものは、左下のアカウント名をクリックし
たときに表示されるメニューの「Setting（設定）」から確認することができ
ます。

ⓓ ChatGPT のバージョン切り替えボタン

　ChatGPTPlusという有料サービス（月20ドル：2023年12月時点）を申し
込めばGPT4に切り替えて使うことができます。

ⓔ ChatGPT のメッセージに対してのアクションボタン

①メッセージをコピーできます。

②高評価ボタンです。メッセージ（回答）が満足いくものであればクリックします。

③低評価ボタンです。メッセージ（回答）が満足いくものでない、有害・危険なものであればクリックします。

④再度回答し直してほしいとき、ネット接続エラーなどで回答が途中でおわったときなどに使います。

②、③の評価ボタンは必ずしもクリックする必要はありませんが、評価とフィードバックを開発元のOpenAIに送ることでChatGPTの学習に役立ちます。

回答を何回も作り直したときは回答がナンバリングされて、前の回答を見直すことができます。

ChatGPT
はい、プログラミングに関する質問やプログラムのサポートについてお手伝いできます。どのプログラミング言語や具体的な問題について質問がありますか？お気軽にお知らせください。

‹ 3 / 3 ›

上図の左下に< 3/3 > と表示されていますが、これは3度回答を生成して、3番目の回答を表示している、ということを示しています。左右の矢印で表示する回答を選ぶことができます。

❺ログアウトや各種設定のボタンです。
1. Custom instructions
あらかじめChatGPTの回答や振る舞いを指定できる設定です。「箇条書きで答えて」とか「○○の専門家として振る舞って」など毎回プロンプトに書くのが面倒なものはここで設定ができます
2. Settings
画面のテーマや、アーカイブ（一旦非表示）にしたチャットの管理などの設定ができます。
3. Log out
ChatGPTからログアウトできます。

 ChatGPT にプログラムを書いてもらおう

では実際にChatGPTにプログラムを書いてもらいましょう。実際の流れは図の通りです。

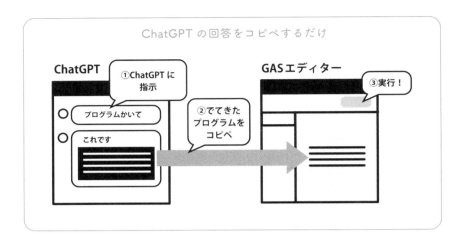

まずChatGPTにプログラムを書いてもらう前に、GASエディターを開いて、プログラムが実行できるようにしておいてください。

GASエディターの準備ができたら、書いてほしいプログラムをChatGPTに回答してもらうよう指示します。ChatGPTに出す指示のことをプロンプトといいます。以降指示のことをプロンプトと呼びますので、覚えておいてください。

まずは簡単にランダムな数字を実行ログに表示する、サイコロのプログラムを作ってみましょう。新しくチャットを作って、次のプロンプトを書いてメッセージを送ってください。

GASエディターでランダムな数字をログに出すプログラムをかいて

ChatGPT 3.5 ˅

PR **You**
GASエディターでランダムな数字をログに出すプログラムをかいて
‹ 3/3 ›

ChatGPT
Google Apps Script（GAS）を使用して、ランダムな数字をログに出力する
プログラムを作成することができます。以下は、簡単な例です。

1. Google ドライブで新しいスクリプトを作成します。
2. スクリプトエディタで以下のコードを貼り付けます。

```javascript
function logRandomNumber() {
  // ランダムな数字の生成（1から100までの範囲）
  var randomNumber = Math.floor(Math.random() * 100) + 1;

  // ログに出力
  Logger.log('Random Number: ' + randomNumber);
}
```

　メッセージを送ると解説と共に実際のプログラムを書いてくれます。でて
きたプログラムの右上にある「Copy code」というところをクリックします。

```javascript
function logRandomNumber() {
  // ランダムな数字の生成（1から100までの範囲）
  var randomNumber = Math.floor(Math.random() * 100) + 1;

  // ログに出力
  Logger.log('Random Number: ' + randomNumber);
}
```

これでプログラムが丸ごとコピーされたので、GASエディターを開いて、もともと書いてあったプログラムは全部消してコピーしたプログラムをGASエディターに貼り付けます。

プログラムをGASエディターに貼り付けたら、保存のアイコンをクリックして保存します。保存したら、「実行」ボタンをクリックして実行してみましょう。

　実行ログの部分に適当な数字が出ているのがわかると思います。GASエディターの実行ボタンを押すたびに、別の数字が出てくると思います。これでサイコロプログラムの出来上がりです。一瞬でプログラムができてしまいましたね。これがChatGPT×GASのすごいところです。

　この画面では「Random Number:77」と書いてありますが、表示の仕方はChatGPTに投げかけるごとに違うものになると思います。

　またプログラムも、1回でうまくいくものが必ず出るとは限りません。そういった場合は、プログラムを再生成するボタンを押して何度か試してみてください。

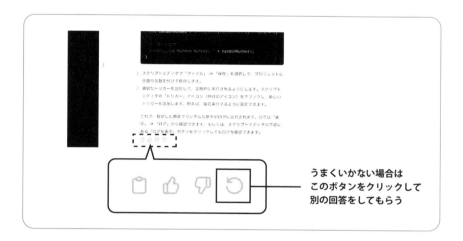

うまくいかない場合は
このボタンをクリックして
別の回答をしてもらう

　今回ChatGPTが回答してくれたプログラムをこちらに載せておきます。なかなかうまくプログラムを出してもらえないときは、いったんこのプログラムをそのままGASエディターに書いてみてください。

ランダムな数字を実行ログに表示するプログラム

```
function logRandomNumber() {
    // ランダムな数字の生成（1から100までの範囲）
    var randomNumber = Math.floor(Math.random() * 100) + 1;
```

```
  // ログに出力
  Logger.log('Random Number: ' + randomNumber);
}
```

　このコードをみるとわかるように、ChatGPTは親切にプログラムに対して何をしているかコメントも書いてくれています。上の例だと1から100までの範囲と書かれているので、普通のサイコロのように1から6までにしたかったら、プログラムの100の部分を6にすれば良さそうだということが何となくわかりますよね。

　どうですか？ コメントを書いてくれているだけでもプログラムが読める気がしてきますよね。 ちなみに 　// は「その行はプログラムとしては無視する」という意味を持っているので、よくコードの説明を書く「コメント」として使われます。

 ## プロンプトを書く時の注意点

　ChatGPTはネット上のデータや、ChatGPTへのチャットで入力された情報を学習すると言われています。個人情報や企業の機密情報などは絶対に入力しないようにしてください。プログラムでもIDやパスワード、APIキーなど公開してはいけない情報をプロンプトに入れるのはやめましょう。

　企業で扱う場合などは、企業向けのChatGPT Enterpriseを導入する、もしくは自社内でクローズしたChatGPTを使ったシステムを開発して使うことを強くおすすめします。

プロンプトのコツ

 ほしい情報を引き出すプロンプトのコツ

　さきほどChatGPTにプログラムを書いてもらいましたが、もしかしたら最初のほうはエラーが出たり、自分がほしい回答が得られなかったりしたかもしれません。

　ChatGPTに同じ質問をしても、毎回出す回答は違いますし、プログラムのような複雑なものは、うまく意図が伝わらないと、思ったような結果が得られません。まるで新人の部下みたいですね。ただしうまく指示が伝わればものすごいパフォーマンスで結果を出してくれます。ということで、ここではうまくプロンプトを作るためのコツをお伝えしていきます。

　プロンプトを作る上でまず第一に知っておいてほしいことは

　ChatGPTは知っている知識（学習されたデータ）から、回答として確率が高いものを出す

ということです。なので、指示が明確であればあるほど、ChatGPTが求めている回答を導き出す確率が高まります。

　ひとつ例を出してみましょう。

「プログラムについて教えてください」とChatGPTに質問します。すると

　どのプログラム言語やテクノロジーについて知りたいのか、具体的なトピックや質問があればそれを教えていただけるとうれしいです。

と回答がきました。

　まず、「どのプログラム言語に関して知りたいのか？」という逆質問が回答

として出てきています。

　ここでわかるように、自分が知りたいことがプログラムの概要なのか、〇〇言語について知りたいのか、そもそも何について知りたいのかを具体的にプロンプトの中に書いておく必要があります。

　このようにプロンプト内に具体的な言葉を追加することで、ChatGPTの回答の精度が高まるということを覚えておいてください。回答する範囲がより狭まるようなプロンプトにしていくといいということですね。

　いまの例でいうと、次のようにプロンプトを明確にすることで、回答の精度を上げることができます。

> プログラム言語が動く仕組みについて具体例を交えながら3つ挙げて教えて
> プログラムには何言語があって一番覚えやすいのは何か、理由もあわせて教えて
> プログラムのPythonについて学習する環境と内容を教えて

　当たり前のようですが、これがプロンプト作成の基本中の基本なのでしっかり覚えておいてください。

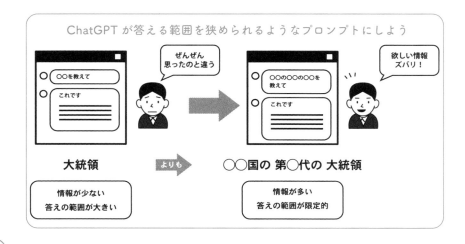

ChatGPTが答える範囲を狭められるようなプロンプトにしよう

〇〇を教えて　これです
ぜんぜん思ったのと違う
〇〇の〇〇の〇〇を教えて　これです
欲しい情報ズバリ！

大統領　よりも　〇〇国の 第〇代の 大統領

情報が少ない　答えの範囲が大きい
情報が多い　答えの範囲が限定的

　また、先ほどのChatGPTの回答は、IT業界でいうプログラムを前提とした回答でしたが、研修などで実施する内容を「プログラム」と呼ぶこともありますし、コンサートや運動会などの実施内容やスケジュールが書かれたパンフレットのようなものも「プログラム」と呼ばれますので、相手がまったく何も知らないことを前提に指示するべきです。

　GPTへの指示が明確でないのは、勝手に向こうがわかっている気になって話しているときとよく似ています。私もよく奥さんに「あなたの話は主語がないからわからない！」と言われますが、まさに質問が明確でないとちゃんと相手に伝わらないので、ちゃんとした回答が得られないということになります。

　ただ、プログラムのコードなど、最初から回答を出す範囲が狭いと、短い文章でも明確な回答が返ってくることもあります。たとえば「Google Mapを表示するhtml」と書くだけで明確にGoogle Mapをホームページに表示するための説明とコードを出してくれます。

 ## ほしい情報を引き出す簡単な3つの方法

　プロンプトの書き方には、後述するテクニカルなものもありますが、あまり難しく考えず、簡単にほしい回答に近づける方法をまず紹介します。

①追加で質問をしていく
　最初の質問が明確でなくても、何度も質問をしていくことで自分がほしい回答に近づけることができます。

　ただし、だんだんほしい情報とずれてきたり、これまでのやりとりの影響を受けたりするので、次の②、③のように一からやり直した方がいい場合もあります。

②回答を出し直す（回答の再生成）
　先ほど紹介した回答を再度生成するボタンをクリックすることで、異なる回答が何度も得られるので、質問が明確だと思うのであれば、ほしい回答が出るまでこのボタンをクリックし続けるのが一番手っ取り早いです。

③質問をやり直す

　質問を繰り返すと、最初の回答から、新しく出てくる回答がどんどんずれていくこともあります。たとえば、コードの一部のみを修正してほしいときに、「・・を修正して」とお願いすると、前にうまくできていた機能がなくなったコードが新たに出てきたりします。そういう場合は、出てきた回答から足りない内容を把握して最初の質問を修正したあと、もう一度質問し直すというのもひとつのテクニックです。

質問を書き直すときは質問にマウスオーバーすると最初に書いた質問の下に鉛筆のアイコンがでてくるので、これをクリックすると再度質問を書き直すことができます。

ChatGPT 3.5 ⌄

 You
プログラムはかけますか？

プロンプトエンジニアリング
～テクニカルなプロンプトの書き方～

　ChatGPTやAIがより指示を理解しやすくなり、回答の精度が高まるプロンプトを書く手法を「プロンプトエンジニアリング」といいます。

　このプロンプトエンジニアリングについて書かれたマニュアルやガイドはいくつも公開されており、ChatGPTを使いこなしているプロンプトエンジニアと呼ばれる方々もさまざまなテクニックを公開してくれています。

　これらをもとに、私の経験則も含め、プログラムコードを出してもらうために、まずは覚えておいてほしい書き方をいくつかご紹介していきます。

- ☑ 明確な指示を書く
- ☑ ゴールを指定する
- ☑ 役割を指定する
- ☑ 前提条件を指定する
- ☑ 出してほしい回答例を入れる
- ☑ 記号などを使って文章や指示の区切りを明確化する

　では一つひとつ説明していきましょう。

①明確な指示を書く

　これはプロンプト全体における内容ですが、先述したように、ChatGPTには、具体的な情報をいくつも与えておくことが重要です。数字や種類の指定もこれにあたります。

ChatGPTのマニュアルに書いてある一例を紹介しておきます。

悪い例	いい例
議事録をまとめて	議事録をまとめて。参加者、サマリーと決定事項について書くこと。次回開催予定があれば合わせて書く。

②ゴールを指定する

当たり前ですが、何が回答としてほしいのかを明確化しておく必要があります。ゴールを分解することで、次に説明する「役割」や「前提条件」、さらに作りたいアプリやサービスの「仕様」が見えてきます。

結果、何が作りたい（情報としてほしい）のかをまずはChatGPTに、明確に伝えておく必要があります。

③役割を指定する

ChatGPTが回答者としてどういう役割なのかを指定することも、最適な回答を得るのに有効と言われています。たとえば「マーケティングのプロとして振る舞ってください」というようなことを指定することができます。

プログラミングコードを出してもらうときはあまり必要ないので、私は指定しないのですが、意見やアイデアを出してもらうときなどはとても役立ちます。多くのサイトや資料に役割の重要性が書かれているのでリストにいれておきました。

④前提条件を指定する

回答結果を絞り込むために、前提条件はとても重要です。「小学生相手に書いてください」「プログラミング初心者向けに書いて」など、回答を読む対象を前提として指定することもできます。

プログラムでは何言語とか、どんな環境で実行するとか、そういったことが前提条件になります。

⑤回答例を入れる

　回答例を参考として明示することで、ChatGPTはそれに近いかたちで回答を出してくれやすくなります。細かく指示するよりは、例をあげてこんな感じで、と指示する方がラクな場合もあります。回答例を指定した例を紹介します。

HA **You**
安いけど品質があまりよくない靴か、安い靴の2倍はするけど1年間はもつ靴、どちらを買えばいいか教えてください

回答例：
＜結果＞やめた方がいい
A:理由1・・・
B:理由2・・・

ChatGPT
＜結果＞やめた方がいい

A: 理由1：品質の低い靴のデメリット

- 安いけれど品質が低い靴は、履いているうちに rapid wear（急速な摩耗）が発生しやすく、数か月もしないうちに傷んでしまう可能性が高いです。これにより、結果的にはコストがかさむことがあります。

B: 理由2：安い靴の快適さとサポートの不足

- 低価格の靴は、足へのサポートや快適性が不足していることがあります。これが原因で歩行や立ち上がりの際に不快感や疲労がたまりやすく、健康面での影響が考えられます。

C: 理由3：長期的な投資の視点　　　↓

　上記の例では回答するフォーマットを例として指定しましたが、文体や内容の質なども回答例を指定することでよりよい回答が得られると思います。

⑥記号などを使って文章や指示の区切りを明確化する

　プロンプトは、見出し（指示）的なものと、それを説明する文章などを区切る記号を使うことが推奨されています。
「ゴール」や「前提条件」、「役割」などを指定する方がよりよい回答が得られると説明してきました。これらをしっかりChatGPTに伝えるために、記号

を使って何が「ゴール」で何が「前提条件」かをわかりやすく伝える方法があります。

たとえば、見出しとして # を使います。

＃ゴール
美味しいビールの選び方を知りたい

また、質問の種類にもよりますが、前提条件や指示内容が複数あるときは、箇条書きで指定した方が有効です。
箇条書き（リスト）を指定するときは - （ハイフン）などを使います。

次の内容を含めて答えて
- その理由
- 産地
- メーカー名

こんな感じで、プロンプトの中に区切りとしてわかりやすい記号を使うことで、GPT に指示が伝わりやすくなります。
上記2つの例を使って実際に ChatGPT に投げかけてみましょう。
次のページは、ChatGPT のコピーのアイコンを使ってコピーペーストした回答です。ビールの産地やメーカー情報を踏まえて理由を答えてくれていますね。これをみても ChatGPT の回答そのものにも記号が使われていることがわかりますよね。

ChatGPT の回答

美味しいビールの選び方には様々な要素がありますが、以下にいくつかの
ポイントを挙げてみましょう。ただし、ビールの好みは個人差があるた
め、これはあくまで一般的なアドバイスです。

美味しいビールの選び方:

1. **ビールの種類:**
　　- ビールには様々な種類があります。ラガー、エール、スタウト、
IPA(インディア・ペール・エール)などがあり、それぞれ異なる味わい
があります。自分の好みに合った種類を見つけることが大切です。

2. **産地:**
　　- ビールの産地によっても味わいが異なります。例えば、ベルギービ
ールはフルーティーで複雑な味わいがあり、ドイツのビールはクリアでス
ッキリとした味わいがあります。地域ごとの特徴を楽しんでみましょう。

3. **クラフトビール:**
　　- 近年、クラフトビールが人気を集めています。小規模でこだわりの
ある醸造所が作るビールは、独自の風味やアロマがあります。地元のクラ
フトビール醸造所を探して試してみると良いでしょう。

4. **メーカー名:**
　　- 有名なビールメーカーは品質に定評があります。例えば、ベルギー
のシメイ修道院のビールや、ドイツのヴァイエンシュテファンは高い評価
を受けています。信頼性のあるメーカーのビールを試してみると良いでし
ょう。

5. **飲み方:**
　　- ビールは適切な温度で飲むことが重要です。適温で飲むことで風味
が引き立ちます。一般的には4〜8度程度が良いとされています。

6. **フードペアリング:**

－ビールは食事との相性も重要です。特定のビールが特定の料理と相性が良いことがあります。例えば、スタウトはチョコレートや焼き肉と相性が良いです。

美味しいビールの選び方は主観的な部分も大きいので、自分の好みに合ったものを見つけるために、様々な種類や産地のビールを試してみることが大切です。

 ## 参考資料

①GPTのベストプラクティス：ChatGPT4 公式マニュアル（日本語版）

https://docs.google.com/document/d/1gflzVb9ll7_6HTVPhON4ToPSnm
OBw3cadrGqEK9l2P8/edit#heading=h.gnboqxc5anu3

ChatGPTから公式マニュアルとしてでているものをスクールエージェント株式会社の田中善将先生が日本語訳してくれています。GPT4のマニュアルになっているので、3.5では使えないものもありますが、3.5でも活用できるプロンプトの基礎的な内容も入っています。

②プロンプトエンジニアリングガイド

https://www.promptingguide.ai/jp

海外の有名なAI研究コミュニティ「DAIR.AI」が作成したものになります。こちらはChatGPTだけではなく、ChatGPTのような大規模言語モデル型AI全般に対して使えるプロンプトエンジニアリングについて説明しています。日本語に翻訳されています。

 ## プロンプトに使う記号例

記号をつける例を2つ挙げましたが、ほかにもいくつかあるので紹介しておきます。とはいえ、この記号を必ず使わなくてはいけないという感じでもなく、先述したように、文章や見出し的なものの区切りを明確にしておけばいいと個人的には思っています。

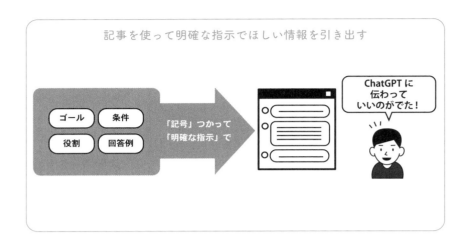

たとえばリストは –(ハイフン)でなくても、改行するだけでも通用することがありますし、行頭に・を使っても反応はしてくれると思います。ですのであくまでも参考としてお使いください。

プロンプト記号については、ChatGPTに直接聞くのがいいと思い、一部の解説はChatGPT3.5からの回答を参考にしています。

＃ 見出しとして使う
大見出しを＃、中見出しを＃＃、小見出しを＃＃＃、のように＃をつけることで見出しレベルを変えることができます。

ー リストの行頭に使う
明確に複数の条件などリストがあるときは改行して、ハイフンを行頭に使います。ほかにも --（ハイフン2つ）や*（アスタリスク）を使った例もあります。

〔 〕 文章の中の区切り、オプション情報
例）ビールの[産地]や[メーカー名]について教えてください。

、（句点）などを使ってもいいかと思いますが、[]で囲った方が、普通の文章の中の句点との違いもわかりますし、この例のように、ほしい情報がどれ

とどれなのかが明確になります。この記号は () などでも代用できると思います。

｜　選択肢、または表の区切りとして使う

どれかから回答を選んでほしいときなど文字（データ）の区切りとして使うことができます。

例）次のどれかからいいものを選んで｜ A ｜ B ｜ C ｜

また、表として表現するときなど、たとえば｜ A ｜ B ｜ C ｜というかたちで回答を出してといえば、そのかたちで回答を出してくれます。

：項目の区切りとして使う

ChatGPT もよくこの区切り記号をつかって回答してくれるので有効かと思います。

例）データの種類や形式：エクセルデータ、xlsx 形式

見出しほど大きくなく、ラベルをつけて、説明文と別に表現したいときなどに使えます。

！　回答に強制的に含めることを指示します

ChatGPT は明確に指示を出していても、その内容を含まずに回答することがしばしばあります。そういったときに！を使うことでそれを無視しないように強制することができます。とはいえ必ず効果があるとは言えないので「無いよりはまし」くらいに捉えておいた方がいいかと思います。

このほかにも変数として‖を使うなど、さらにテクニカルなものもたくさんあるので、プロンプトを使いこなしてきたらいろいろ活用してみてください。

ChatGPT も日々進化しているようで、記号をつけなくても思い通りの回答が得られることもありますし、あいまいな指示でも理解してくれるようになっていっているようです。回答がうまくいかないときは、上記で挙げたポイントを再度確認してみてください。

ほかにもいろいろな手法がマニュアルやガイドには掲載されていますので、プロンプトエンジニアリングを極めたい人はそれらを細かく見て自分な

りのプロンプトの書き方をマスターしていってください。

 うまくプロンプトを書くには
「ゴールを分解する」ことが大事

　プログラミングをするときも仕事をするときも、まずゴール（完成品・達成目標）を目指して進めていると思います。
　実際に設定したゴールを細かく分解したものがプログラムコード1行1行であり、仕事でいえば細かいタスクになります。プロンプトも同様に、ほしい「回答＝ゴール」を分解して先ほどの前提条件や役割などに分けて細かく具体的に指示していくことが大事です。
　まずはそのイメージを持ってプロンプトを作成していくことを念頭に置いておいてください。

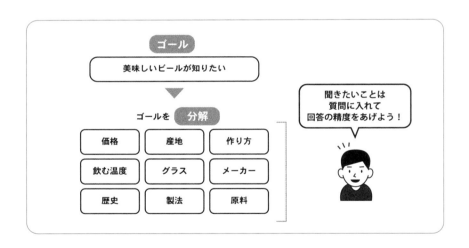

 GPTにどんなプロンプトを書けばいいのか
聞いてみるのもアリ

　あるアプリを作るのに、どんなプロンプトを書いたらいいかChatGPTに聞いたことがあります。回答は次の通りでした。

GAS（Google Apps Script）を使用してデータ管理アプリを作成する際に、プロンプトで指定する必要がある要素はいくつかあります。以下は、基本的な要素の一例です。

データの種類や形式：

～省略～

データの入力方法：

～省略～

データの表示方法：

～省略～

操作方法：

～省略～

エラーハンドリング：

～省略～

データの保存と読み込み：

～省略～

これらの要素を考慮して、GASでデータ管理アプリを作成するためのプロンプトを慎重に設計すると、ユーザビリティが向上し、アプリの使いやすさが向上するでしょう。

　言われた通り、各項目についてプロンプトを作成してChatGPTに指示したところ、私が予想していた通りのアプリを作るコードを出してくれました。毎回こんなにうまくできるとは断言できませんが、結局ゴールを分解して指示をするのが一番というのがわかっていただけたかと思います。

　もし自分でゴールを分解するのが難しい場合は、まずChatGPTに聞いてみることをおすすめします。それをそのまま使ってもいいですし、それをヒントに必要な項目を追加していくとより精度が上がります。

　うまくAIを活用しましょう。

第 3 章

これだけ
知っておけば大丈夫！
プログラミング基礎知識

01 プログラムを読むために 必要な基礎知識

　次はプログラムを「読む」ことについて説明していきます。ChatGPTにプログラムを書いてもらうChatGPTコーディングを使いこなすためには、プログラムが読めることがとても重要です。

　ChatGPTが作ってくれたプログラムコードを1からすべて読める必要はありませんが、コードがそれぞれどんな意味を持っているのかを知ることで、プログラムを読むスキルがアップし、結果としてChatGPTへのプロンプトの精度も上がり、よりよいコードを得ることができるようになります。

　英語で言えば英単語・文法のようなものがプログラムにもあります。ここではその細かい文法について説明していきます。英語を話せる人が英語辞典の英単語を丸暗記していないのと同じで、プログラムを読むのに、本書で書いてあることを丸ごと覚える必要はありません。

　ChatGPTが書いたコードがわからないとき、リファレンス的にこの章を見てもらえると、コードを理解する大きな助けになると思います。

　ではひとつずつ説明していきましょう。

02　基本ルール

まずはGASの基本的な書き方のルールです。

プログラムは、大文字・小文字を書き間違えた、記号を打ち忘れた、というだけで動かないということがよくあります。ChatGPTがこういった部分を書き間違えることはまずないと思いますが、自分でコードを追記・修正したときは、基本的なことに注意しましょう。

①半角英数、記号で書く

プログラムはどの言語でも半角英数・記号のみです。日本語入力モードになったまま全角で書かれていると動きません。ただしプログラムの中で日本語を表示するときなどは別です。

```
例）Logger.log('ハロー');
```

'や"で囲まれたものはプログラムの命令ではなく、単なる文字として扱われることを覚えておきましょう。ですので、この記号内では全角で入力しても大丈夫です。

②1つのコードは最後；セミコロンで終わる

プログラムコードの最後にはほとんど ；セミコロンをつけます。これをつけ忘れたり、似ている：コロンをつけたりすると、エラーになって動きません。条件分けやくりかえしのプログラムで使う｝のあとには、；は必要ありません。

③大文字、小文字は区別される

プログラムには、自分で自由に名前をつけることができる変数や関数とい

うものがあります。プログラムでは、同じ文字でも小文字をつかったもの、大文字を使ったもので、別扱いになりますので注意してください。

```
例）age = 10;
    Age = 20;
```

おなじ age と Age でも別の名前と判断されます。

④文字（列）を使うときは　"か'で囲む

"（ダブルクォーテーション）か'（シングルクォーテーション）で囲ったものは文字列として扱われます。

逆に、囲まないと何らかの命令と判断されてしまうので、エラーになります。どちらを使っても大丈夫ですが、本書では基本的に'（シングルクォーテーション）を使っていきます。好きな方を使ってください。

⑤コメントアウト

ChatGPTの書き出すコードを見るとわかりますが、ところどころ日本語でコードの説明が書いてあります。これはプログラムとみなされず、無視されてプログラムが実行されます。このようにプログラム内に書かれている文字でも、プログラムとみなされないようにする書き方があります。それがコメントアウトです。コメントアウトには2種類書き方があります。

（1）// （半角スラッシュ2つを続けて書く）

コメントアウトしたい文字のはじめに // を入れると、 // 以降の文字はプログラムとみなされません。行が変わるとプログラムとみなされます。

```
例）// これはプログラムじゃない
```

（2）/* と */ で囲む

　/*から*/で囲まれた文字はすべてプログラムとみなされません。(1) と違って、複数行の文字をコメントアウトするときに使います。

```
例）
/* この行も無視される
この行も無視される
*/
```

変数・定数

　変数・定数とは、数字や文字などのデータを入れられる箱です。ゲームで点数やキャラクターの各種パラメータが数値で表示されることがあると思いますが、こういった常に変化する数値などを「変数」というものに保存しておきます。

　逆に、常に変化しない値は「定数」といって、これも名前をつけて保存することができます。円周率など、値が変わらないものは定数です。例えば、何度も円周率をプログラムで使う場合は 3.1415… という値を定数「enshuritsu」という名前の箱に入れておけば、計算するときに毎回3.1415…という数値を書かなくても「enshuritsu」とだけ書けばよくなります。

変数・定数 a のイメージ

文字や数字

代入

　変数・定数に値や文字を入れることを「代入」といいます。代入するときには「=」記号を使います。

　右上の例の場合、変数 a に値 5が代入されることになります。つまり、

このプログラムが実行されたあと、変数aの中身が5になります。

例）a = 5;

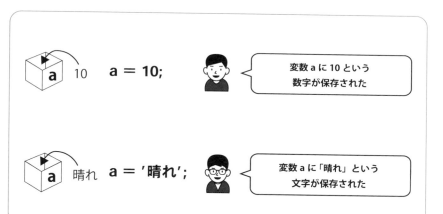

変数は1つのことしか覚えられないので、値が入った変数にまた別の値を代入すると、前のデータは上書きされて消えてしまいます。

例）
a = 10;
a = 20;

上記の場合、プログラムは上から順番に実行されるので、変数aには最終的に20が入っていることになります。

1　変数を宣言する（中身は空）

　　型　変数名；

　　例）let color；　　let a；

2　変数・定数を宣言すると同時に値を入れる

　　型　変数・定数名 = 値；

　　例）let color = 'blue'；　　let a = 10；

　　　const enshuritsu = 3.14159；

※変数・定数名の１文字目は文字か、＿アンダースコアか＄しかつけられません。

 ## 変数・定数の型

　変数の基本書式で「型」という言葉がでてきました。型というのは、その データがどんな種類かを示すものです。変数にもいろいろな種類があるので す。

　変数は初めて使うときに、「いまからこの名前の変数を使います！」という 宣言をします。宣言や型の表記がなくてもプログラムは動きますが、同じ変 数名を使わないようにしたり、エラーがでないようにするために、型をつか って宣言をします。

　宣言の種類は3つです。

　①var ：変数を宣言　　再宣言可能

　②let ：変数を宣言　　再宣言不可

　③const ：定数を宣言

　※定数なので、最初に入れた値を変えようとするとエラーがでます。

　varを使って何度も変数を宣言することはできますが、letの場合は、一度 使った変数名を再度宣言しようとするとエラーがでます。

　エラーがでてくれるのでlet のほうが、ミスが発生しにくく、varではな

くletを使うことが多くなってきていますが、ネット上のプログラムサンプルはvarを使った記事が多いのでChatGPTもletではなくvarを使ったコードをよく書きます。

自分でコードを書くようになったら、このあたりはとても大事なのですが、いまのところはvarやlet、constがでてきたら、「変数・定数を使います！ といっているんだな」くらいで理解しておけば大丈夫です。

ChatGPTにコードを書いてもらおう

 ChatGPTに投げるプロンプト

GASで変数rに2、定数piに3.14159を代入してそれぞれの値を表示するコードを書いて

 ChatGPTの回答

```
function displayValues() {
    // 変数 r に値 2 を代入
    var r = 2;

    // 定数 pi に値 3.14159 を代入
    const pi = 3.14159;

    // 変数と定数の値をログに出力
    Logger.log("r: " + r);
    Logger.log("pi: " + pi);
}
```

解説

変数rと 定数 pi を使って、それぞれ宣言と同時に値を代入しています。コメントが書かれているからわかりやすいですね。定数 pi は値がずっと変わらない定数なので   const を使って宣言しています。

最後の2行 Logger.logというのは、() の中身をGASエディターの実行ログに表示する命令です。

　このプログラムを実際にGASエディターに貼り付けて（もともと書かれているコードは全部削除して上書きします）実行ボタンを押すと、実行ログには次のように、それぞれの変数・定数名と中身（値）が表示されます。

```
r:2
pi:3.14159
```

04 配列

配列は変数と同じで、データを記録しておく箱です。変数と違うのは、箱が一つではなく、複数の箱がくっついているというところです。

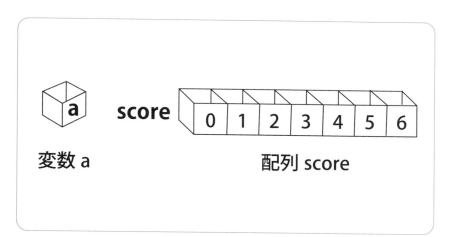

配列には、箱ごとに背番号がついていて、それぞれの箱の中身を、背番号を指定して呼び出します。この背番号は1からではなく、0から始まります。

たとえば1000人の生徒の身長のデータを扱うプログラミングを作るとき、変数であれば1000個変数を用意しなくてはいけませんが、配列なら1つで済みますので、コードもスッキリします。

基本書式	サンプルコード

・配列を最初につかうとき
　（中身は空）
型　配列名 = [];
型　配列名 = new Array();
	let fruits = [];
	
	let students = new Array();

・配列を宣言するときにデータも代入する場合 型 配列名 = [値,値,・・・];	let fruits = ['バナナ','リンゴ','イチゴ'];
・配列に値を代入する場合 配列名[番号] = 値;	score[0] = 100;

　連想配列といって、背番号ではなく文字で指定する配列もあります。それぞれの箱にラベルをつけるイメージです。

　例）score['yamada'] = 100;

'yamada'が背番号の代わりになります。

ChatGPTにコードを書いてもらおう

 ChatGPTに投げるプロンプト

GASで電車、車、飛行機という文字列の入った配列を宣言して、1番目と3番目を実行ログに表示して

 ChatGPTの回答

```
function vehicleLog() {
    // 乗り物の配列を宣言
```

```
var vehiclesArray = ["電車", "車", "飛行機"];

  // 1番目の乗り物をログに表示
  Logger.log("1番目の乗り物: " + vehiclesArray[0]);

  // 3番目の乗り物をログに表示
  Logger.log("3番目の乗り物: " + vehiclesArray[2]);
}
```

解説

vehiclesArrayという配列に電車、車、飛行機という値が入っています。1番目と3番目を実行ログに表示するので、1番目＝配列だと0番目（vehiclesArray[0]）、3番目＝配列だと2番目（vehiclesArray[2]）に入っている値を表示しています。
配列だと[]の番号が、1つずつずれるのがポイントですね。

　配列には、配列の値を追加する機能や中身を並び替える機能など、いろいろな機能があります。この機能のことをメソッドと呼びます。
　試しに配列に値を追加するコードを、ChatGPTに書いてもらいましょう。配列に値を追加する場合、「push」というメソッドを使います。
　先ほどのコードを前提に書いてもらうので、前回のチャットに、そのまま続けてお願いしてみましょう。

ChatGPTにコードを書いてもらおう

 ChatGPTに投げるプロンプト

配列にpushを使って「自転車」を追加して、配列内の文字列をすべて表示して

```
function vehicleLog() {
    // 乗り物の配列を宣言
    var vehiclesArray = ["電車", "車", "飛行機"];

    // "自転車" を配列に追加
    vehiclesArray.push("自転車");

    // 配列内のすべての要素をログに表示
    Logger.log("すべての乗り物: " + vehiclesArray.join(', '));
}
```

解説

配列名にpushというメソッドをつなげて書くことで、() 内の文字列を配列vehiclesArrayに追加してくれています。
vehiclesArray.push("自転車");
ちなみに最後のほうに、vehiclesArray.join(', ') というコードが書かれています。実行結果をみるとわかりますが、joinというのは () の中の文字で、配列の中身を全て結合するメソッド（命令）です。

実行すると次のような結果が表示されます。
すべての乗り物: 電車, 車, 飛行機, 自転車

こんな感じでChatGPTが出してくれたコードに追加でお願いすることで、どんどん自分がほしいものに変えていくことができます。便利ですね、ChatGPT。

05 演算、演算記号

プログラムでは計算をよく使います。使う記号は以下の通りです。

＋：足し算　　―：引き算　　＊：掛け算　　／：割り算　　％：剰余算
※剰余算は割った余りを出す計算方法です　例）4％3 の実行結果は1になります。

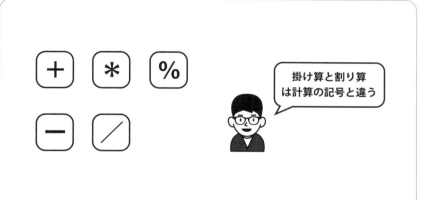

例）
・a = 4 * 2;　aには8が入ります
・a = b - 4;　aには変数bに入っている値から4を引いた値が入ります。

「+」記号は文字列の結合にも使う

足し算で使う＋記号ですが、GASでは文字列と文字列をくっつけるのにも使います。

例）let c = 'A' + 'B';
変数cには'AB'という文字列が入ります。

'明日は' + '晴れ'
▼
'明日は晴れ'

+は文字と文字の
接着剤にもなる

たとえば計算結果を「計算結果は10です」といったように、文章と合わせて表示するときなどに使います。

例）let a = 5;
    let b = a * 2;
    Logger.log('計算結果は'+a+'です');

文字列同士や文字列と変数(の中に入っている値)などをくっつけるときにも「+」記号を使うと覚えておいてください

ChatGPTにコードを書いてもらおう

 ChatGPTに投げるプロンプト

GASで変数名rに2、定数piに3.14159を代入して、実行ログには、答えは（）です　と表示して
（）にはr*piの計算結果が表示されるようにして

ChatGPT の回答

```
function displayResult() {
// 変数 r に値 2 を代入
var r = 2;

// 定数 pi に値 3.14159 を代入
const pi = 3.14159;

// r * pi の計算結果を変数 result に代入
var result = r * pi;

// 結果をログに出力
Logger.log("答えは (" + result + ") です");
}
```

解説

*記号で掛け算を実行して 変数resultに結果を代入してますね。最後
Logger.logで、文字列とresultの計算結果を＋記号でくっつけて実行ロ
グに表示してくれています。

 ## インクリメントとデクリメント

値を1つずつ増やすことをインクリメント、1つずつ減らすのをデクリメ
ントと言います。あるものの数を数えるときや、何回繰り返したかを把握す
るときによく使われます。インクリメントは＋＋、デクリメントは－－を使
います。

例）
i++; 変数iの中身に1を足す。

b--;　変数bの中身から1減らす。

例文として以下を実行すると 変数iの中身は5になります。

```
let i = 4;
i++;
```

　++cや--bといったように、前に記号をつける場合もあり、少し動作が変わりますがChatGPTからの出力に書かれていたら「1つずつ増減しているやつだ」と思ってもらえればOKです。

 ## 複合代入演算子

　+=、-=というように演算子と=を続けて書くことがあります。これもインクリメントなどと似ているのですが、いまの値から2つ増やすとか2倍にするとか値を指定して複合的に演算するものを複合代入演算子と呼びます。

　例）i+=10;　 a*=3;

例文として以下を実行すると 変数iの中身は5になります。

```
let i = 2;
i+=3; // i = 2+3 と同じ
i*=2; // i = 5 * 2 と同じ
```

06 条件わけ

「条件わけ」は、「もし・・したら・・・する」 というように、条件によっ
て実行するプログラムを変えるときに使います。

　車は青信号であれば「進む」、黄色信号であれば「止まる、または停止位置
に止まれないようであれば進む」、赤信号であれば「止まる」というように、
条件（信号の色）によって車の動きが変わってきます。「条件わけ」は信号機
のようなものだと思うとわかりやすいかもしれません。

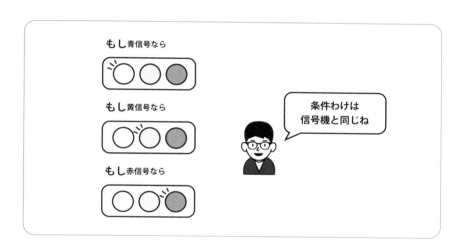

　たとえば改札でICカードの残高があれば通過OK、残高が初乗りの金額に
足りなければ通過NG、というのも「条件わけ」です。

　条件わけの書き方はいろんな種類があるのですが、ここではよく使われる
「if文」と「switch文」を紹介しておきます。

　ChatGPTの書き出すコードのコメントを見れば、今回紹介する書き方以
外の「条件わけ」が出てきても大丈夫ですが、プログラムに「条件わけ」とい
う考え方があることだけはしっかりと理解しておいてください。

if文

　まずはif文です。次に紹介するswitch文と機能は同じですが、条件わけでは、ほとんどif文が使われると思っていて構いません。コードがみやすくなるかどうかで、switchを使うことがあるくらいに思っていてください。

基本書式	サンプルコード

if(条件A){
条件Aが合っている場合
実行することを書く
}
else if(条件B){
条件Aが合わず、条件B
があっている場合
実行することを書く
}
else{
条件AもBも合わない場合
実行することを書く
}
	if(a < 5){
	　 b = 0;
	}
	else if(a<8){
	　 b=5;
	}
	else{
	　 b = 10;
	}

　if文は、ifやelse ifに続く()に条件を入れます。else ifやelseに続くコードは、省略することができます。条件が1つだけで、条件に合わないとき、特に何も実行する必要がない場合は、if()だけ書きます。

 条件に使う記号

　()の条件部分に使う記号と意味は次の通りです。＜や＞は比較演算子と呼ばれます。

A==B　AとBの値が同じとき

　　　　（＝が1つだけでなく、2つなので注意）

A!=B　AとBの値が同じでないとき

A<B　　AがBより小さいとき

A<=B　AがB以下のとき

A>B　　AがBより大きいとき

A>=B　AがB以上のとき

条件A ‖ 条件B　　条件Aが正しい　または　条件Bが正しい　とき

条件A && 条件B　　条件Aが正しい　かつ　条件Bが正しい　とき

ChatGPTにコードを書いてもらおう

 ChatGPTに投げるプロンプト

GASでif文を使ったサンプルコードを書いて

 ChatGPTの回答

```
var score = 80;

if (score >= 90) {
    Logger.log("優秀な成績です");
} else if (score >= 70) {
    Logger.log("良い成績です");
} else {
    Logger.log("もう少し頑張りましょう");
}
```

解説

変数scoreに80という値が入ります。そのあと、if文で条件わけをしています。scoreに入っている値80は90以上ではなく、70以上なので、

else if の Logger.log("良い成績です"); が実行されます。

　こんな感じで変数の中身やプログラムの実行結果によって。次に実行する
コードを変えるのがif文です。
　今回のコードだとscoreが80と決まっているので、プログラムの実行結果
が何度実行しても変わりません。そこでプログラムを実行するたびにscore
がランダムに変わるプログラムを書いてもらいましょう。

ChatGPTにコードを書いてもらおう

 ChatGPTに投げるプロンプト

GASで変数scoreに0から100点までのランダムな点数が入るようにし
て、scoreが50点以上であれば「合格」、そうでなければ「不合格」と表示
するようにして

 ChatGPTの回答

```
function checkScore() {
    // 0から100までのランダムな点数を生成
    var score = Math.floor(Math.random() * 101);

    // スコアをログに表示
    Logger.log("点数: " + score);

    // スコアが50点以上なら合格、そうでなければ不合格を表示
    if (score >= 50) {
      Logger.log("合格");
    } else {
      Logger.log("不合格");
    }
}
```

> **解説**
>
> 先ほどと違って、変数scoreにランダムな数字が入るようになりました。次のコードの部分がランダムな数字を出すところになります。
>
> var score = Math.floor(Math.random() * 101);
>
> if文をつかってscoreが50点以上かどうかも判断してくれていますね。これでプログラムを実行するたびにscoreが変わって、表示結果も変わってきます。

プロンプトでちゃんと「条件わけ」が指示できていれば、こうやってChatGPTはif文を書いてくれます。

 ## switch文

条件わけは if else 以外に、switch case という書き方があります。1つのデータ（変数）に対して、複数の値と比較してあっているかを判断する場合は、switchを使う方が見やすいです。

基本書式	サンプルコード

switch(式) {
case A:
式の値が Aのとき実行
することを書く
　　　　break;
case B:
式の値が Bのとき実行
することを書く
　　　　break;
・・・
default:
上記どれでもないとき
に実行することを書く
}
	switch(b) {
	　case 5:
	　a=0;
	　　break;
	　case 10:
	　a=1;
	　　break;
	　default:
	　a=2;
	}

switchのあとの（）に入った値と各caseのあとに続く値が等しいかどうかで条件わけを行います。default 〜 はelseと同じように省略することができます。必ず「case」を書くたびに「break;」を入れるのを忘れないようにしてください。

ChatGPTにコードを書いてもらおう

ChatGPTに投げるプロンプト

GASでswitch文を使ったサンプルコードを書いて

ChatGPTの回答

```
var dayOfWeek = "Monday";

switch (dayOfWeek) {
    case "Monday":
      Logger.log("月曜日です");
      break;
    case "Tuesday":
      Logger.log("火曜日です");
      break;
    default:
      Logger.log("他の曜日です");
}
```

解説

最初、dayOfWeekという変数に"Monday"という文字列が入っています。switch文で比較して
　　case "Monday":
と書かれているcaseが条件に合うので、実行ログには"月曜日です"と表示されます。

⓪⑦ くりかえし

　何度も同じプログラムを実行したいときに使うのが「くりかえし」です。「くりかえし」も「条件わけ」と同様、いくつかの種類があります。この本では、よく使う for, while, forEach の3つを紹介しておきます。どれもくりかえすプログラムですが、いわゆるゲームの「ガチャ」で例えるとわかりやすいです。

　大雑把に言えば、

☑ for は「ガチャ」を回せる回数が決まっているときに使う
☑ forEach は財布（配列）の中のお金を使い切るまで回す
☑ while は目的のものが出るまでずっと「ガチャ」を回す

みたいな感じです。

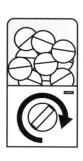

くりかえしは
何度もおなじ
ことを実行すること

何回まわすかに
よって書き方を
変えるんだね

for ループ

基本書式	サンプルコード

for (①初回実行 ; ②条件 ; ③毎回実行) {
 	
　　条件②がOKのとき実行
 	
}
	for(let i=0; i<3; i++){
	
	　　Logger.log('hello');
	
	}

　必ずしも基本書式の書き方になるとは限りませんが、よく使われるこの書き方を覚えていればOKです。基本書式の①②③の書き方で何回繰り返すかがきまります。

　繰り返しのときは繰り返し用の変数 (サンプルの場合はi) をつかいます。次のコードを見ながらどういう動きになっているか見てみましょう。


```
let a=0;
for(let i=0; i<3;i++){

    a = a +2;

}
```


　forの () の中ですが、iが0 から始まって(i=0)、‖の中を実行するたびに、iに1を足していって (i++)、3より小さい間 (i<3) は繰り返す　という意味になります。

　ですので、i が0,1,2 のとき、合計3回‖の中のプログラムを繰り返します。結果aは6になります。

　たとえば

for(i=0;i<=5;i++) の場合は i が 0,1,2,3,4,5の合計6回
for(i=2;i<6;i++) の場合は i が 2,3,4,5の合計4回

になります。

ChatGPTにコードを書いてもらおう

 ChatGPTに投げるプロンプト

GASでfor文を使って、5回　ハロー　と表示するコードを書いて

 ChatGPTの回答

```
function displayHello() {
    // 5回ハローを表示する
    for (var i = 0; i < 5; i++) {
      Logger.log("ハロー ");
    }
}
```

解説

5回繰り返すので（）の中を見ると、iが0からi<5までという書き方がされています。とてもオーソドックスな書き方です。10回であれば i<10 になります。簡単ですね。

 whileループ

whileループは指定した条件に合っているときはずっと繰り返すというような使い方をします。

基本書式	サンプルコード

while(繰り返し条件){
 	
　　繰り返し実行することを書く
 	
}
	while(a<5){
	
	Logger.log('hello');
	a++;
	}

ChatGPTにコードを書いてもらおう

 ChatGPTに投げるプロンプト

GASでwhile文を使って、5回　ハロー　と表示するコードを書いて

 ChatGPTの回答

```
function displayHello() {
    var count = 0;

    // countが5未満の間、ハローを表示する
    while (count < 5) {
      Logger.log("ハロー ");
      count++;
    }
}
```

解説

プログラムを繰り返すごとにcountという変数に1を足していって、countの数が5になったら繰り返しを終了するというコードになっています。

　今回のプログラムはfor文を使っても同じですが、たとえばゲームで、ボールを繰り返し投げて、バッターが5回ヒットを打ったら終わりというようなプログラムを書く場合は for文より while文のほうが使いやすいと言えます。

 ## forEachループ

　次はforEachループです。これは先ほどの2つでいうと、forに近いです。配列と一緒に使うもので、配列の中身の数だけプログラムをくりかえします。

基本書式	サンプルコード

配列名.forEach((値, 番号)=>{
 	
　　繰り返し実行することを書く
 	
});
 	
または
 	
配列名.forEach(function(値,番号){
 	
　　繰り返し実行することを描く
 	
});
	fruits.forEach((a, b)=>{
	
	　　Logger.log(a);
	　　Logger.log(b);
	
	});
	
	fruits.forEach(function(a,b){
	
	　　Logger.log(a);
	　　Logger.log(b);
	
	});

　forEachは繰り返しの条件が配列の中身の数なので、条件を書く必要はありません。配列のそれぞれの中身（値）と、インデックス番号（背番号）を() 内に変数名で指定することで、それぞれの値を‖の中で使うことができま

す。

　たとえば、全生徒の英語のテスト点数が配列に入っていたとして、配列の中身を、番号と一緒にすべて表示したいときや、平均点を出すのに、配列の中身を全部足して合計値を出したいとき、などによく使います。

　基本書式には2種類の書き方が書いてありますが、実行することは同じです。上の書き方のほうが今風くらいに覚えておいてください。ChatGPT3.5は昔から使われている下の書き方でコードを出すことが多いと思いますが、どちらでも構いません。

ChatGPTにコードを書いてもらおう

 ChatGPTに投げるプロンプト

以下のコードをGASで書いて
おみくじの結果を配列で用意しておく。
forEachを使って、その配列の中身をすべて表示する。

 ChatGPTの回答

```
function displayOmikujiResults() {
    // おみくじの結果を配列で用意
    var omikujiResults = ["大吉", "中吉", "小吉", "吉", "凶"];
    // 配列の各要素を表示
    omikujiResults.forEach(function(result) {
      Logger.log("おみくじの結果: " + result);
    });
}
```

解説

forEachでomikujiResultsという配列の中身をすべて表示しています。上から5行目のfunction(result)の resultの中に、"大吉","中吉"・・・というように配列の中身が順番に入って、それがLogger.logで実行ログに表示されるのがわかるかと思います。

「くりかえし」の書き方を3つ紹介しましたが、これらもChatGPTが書いてくれるので、for,while,forEachが使われているときは「{　}の中を繰り返している」くらいの感じでいいと思います。

08 　関数

　関数は、1つの機能をコードでひとまとめにしたものです。1つの便利な機能だと思ってください。

　電子レンジの1つの機能は関数に例えることができます。たとえば電子レンジは「あたため」や「トースト」などの機能を持っています。

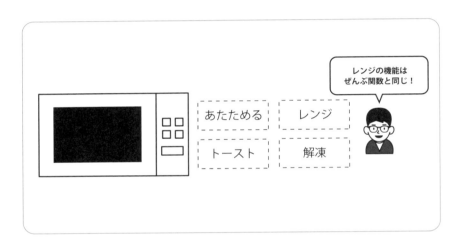

　スープやじゃがいもを温めるのに、電子レンジのあたため機能を使えばボタン1つであったかいスープやじゃがいもができます。このように便利な機能をプログラムでは「関数」といいます。

　関数はプログラミング言語に、もともといろいろ用意されています。これまでよく目にしてきたLogger.log()のlog()というのも関数です。これらはもともとGASに用意されている関数です。

　関数は自分で作ることもできます。プログラムの中で、何回も実行する一連のコードは、関数として、1つの機能にまとめることができます。そうすると、同じコードを何度も書く必要がなくなります。

　またプログラムコードを見やすくするために、メインのプログラムの外側

に、関数として分けて作っておいたりします。そして、外で作った関数をメインのプログラムで使うのです。

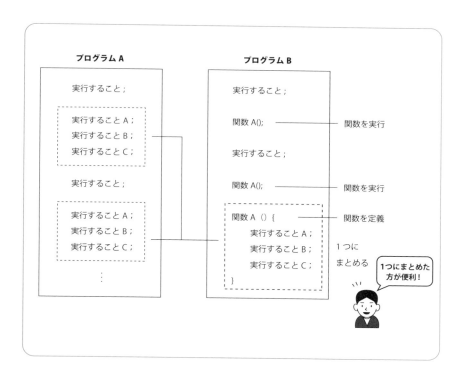

　GASエディターで最初に function ○○{・・・}という書き方がされていますが、実はこれが関数そのものです。○○というのが関数の名前です。いままでChatGPTが書いてくれたオリジナルの関数を実行していたことになります。

　基本書式を見てみましょう。

基本書式	サンプルコード

・関数の定義
function 関数名（引数）{
 	
　　関数を実行したときに
　　実行することを書く
 	
　　return 関数を呼び出したところ
　　に送り返すデータ
}
 	
・関数の実行（呼び出し）
 	
関数名（引数）;
 	
・関数の実行結果（関数がreturn
する値）を変数に入れる場合
　　変数 = 関数名（引数）;
	function tashizan (a, b) {
	
	　let c = a+b;
	
	　return c;
	
	}
	
	Logger.log(' 実行！ ');
	
	a = tashizan(1,10);

　関数はプログラムコード内にいくつも自由に作ることができます。基本書式の「関数の定義」の書き方で関数を作ります。

　作った関数や、あらかじめ用意されている関数を実行するときは、基本書式の、「関数の実行」の書き方で、関数を呼び出します。

 ## 引数（ひきすう）

　基本書式をみると「引数」（ひきすう）という言葉が出てきます。引数は実行する関数に渡すデータです。たとえばサンプルコードに定義されているtashizan関数は、足し算をする関数ですが、引数として送られてきた2つの数字を足した結果を出します。

　関数に何かデータを渡して結果を得るような場合は、引数が必要になりま

す。そうでない場合、引数は必要ありません。たとえば、国語と英語のテストを複数の学生が受けたとして、その2つの合算値を出す関数を作った場合、引数は各学生の「国語の点数」と「英語の点数」になります。関数はその2つの科目の点数を使って足し算をします。

電子レンジで例えると「オニギリ」と「2分」という引数を電子レンジの「あたため」関数に渡しているというイメージです。

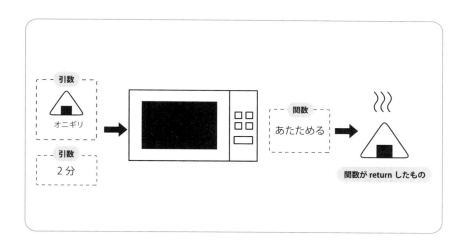

あたためる関数では、「オニギリ」と「2分」という引数をもらったので、オニギリを2分あたためて、あったかいオニギリを作る（returnで返す）という流れになります。

関数を使うときのプログラムの動き

関数が出てきたときは、プログラムの動きがちょっとわかりづらくなりますので、サンプルを使って説明しておきましょう。

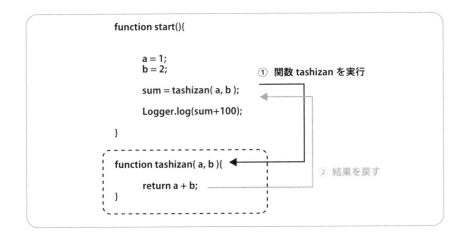

```
function start(){

        a = 1;
        b = 2;

        sum = tashizan( a, b );           ①  関数 tashizan を実行

        Logger.log(sum+100);

}

function tashizan( a, b ){
        return a + b;                     ② 結果を戻す
}
```

　startという関数を実行したとき、プログラムは‖の中を上から順番に実行していきます。

　sum = tashizan(a,b) というところで、下に定義されている tashizan という関数が実行されます。(①)

　a、bという引数にはそれぞれ1、2が入っているので、tashizan のほうで1+2の計算結果の3をreturn という命令で、呼び出されたところに戻します。(②)

　その後 sum という変数に 3が入るので、実行ログには 103という数字が表示されます。

　関数は実行されたらその関数のところに飛び、そのプログラムが終わったら呼び出されたところに戻ります。ワープする感じですね。Logger.log()のように自分で定義していない、もともと用意されている関数をよく使いますが、それは「どこかにワープして戻ってきているんだ」くらいのイメージで大丈夫です。大事なのは動きを読めるようになることです。

　ここで関数を使う時によく使う言葉を紹介しておきます。本書でも説明で使う言いまわしになるので覚えておいてください。

関数の呼び出し：　関数を実行すること
引　数　　　　：　関数を実行するとき、その関数に渡す（送る）値

戻り値（リターン値） :　関数実行後、関数を呼び出したところに戻す値
値を返す　:　関数を実行すると戻り値が得られるという意味

ChatGPTにコードを書いてもらおう

 ChatGPTに投げるプロンプト

以下のコードをGASで書いてください。
-2つの数字の平均値を計算する関数 average をつくる
-2つの数字の合計値を計算する関数 sumをつくる
-変数aには20 、変数bには40を入れて、それぞれの関数を使って平均値と合計値を計算して表示する

 ChatGPTの回答

```
function average(a, b) {
    return (a + b) / 2;
}

function sum(a, b) {
    return a + b;
}

function main() {
    // 変数aには20、変数bには40を入れる
    var a = 20;
    var b = 40;

    // 平均値を計算して表示
    var averageValue = average(a, b);
    Logger.log('平均値: ' + averageValue);
```

```
    // 合計値を計算して表示
    var sumValue = sum(a, b);
    Logger.log('合計値: ' + sumValue);
}
```

解説

平均値と合計値を出す関数と、それらを呼び出すためのメインの関数mainを作ってくれました。

GASエディターで実行するときは、実行する関数を main にしてください。関数の定義はメインで実行する関数の上でも下でもどこに書いてもかまいません。

main関数を見ると、変数aとbに値を代入して、それを引数にしてそれぞれの関数を実行して、返ってきた結果を表示しているのがわかると思います。

　関数の呼び出しと戻ってきたときのプログラムの流れがわかっていただけたでしょうか。

オブジェクト、プロパティと メソッド

GASでスプレッドシートやGoogleカレンダーなどのほかのアプリの情報を扱ったり操作したりするときや、もともとGASに用意されている便利な機能を使うときにでてくるのが、オブジェクトやプロパティ、メソッドという言葉です。ChatGPTが書き出してくれるコメントには、これらの言葉がでてくるので、覚えておきましょう。

オブジェクトはいろいろできる機能、つまり関数や変数が集合したものだと思ってください。Logger.log()はLoggerオブジェクト、Math.random()はMathオブジェクトが持つ機能（log()、random()）をそれぞれ実行している、ということになります。

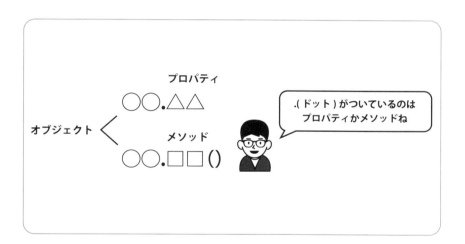

オブジェクトは何種類も用意されていて、それぞれできることが違います。ざっくりいうと、オブジェクトが持っている関数（機能）が「メソッド」、オブジェクトが持っている変数（属性）が「プロパティ」と思ってもらえればOKです。

プロパティやメソッドを使うときは次のように.（ドット）を使います。

オブジェクト.メソッド（）
オブジェクト.プロパティ

（）がついていればメソッド、そうでなければプロパティだと思ってください。.を「の」と置き換えて読むとわかりやすいでしょう。
イメージとしては次のような感じです。

ビジネスパーソン オブジェクト

メソッド　　　　　　　　　　　プロパティ

話す()
メールする()
歩く()

体力	50
身長	185
体重	80

＜メソッドを使うイメージ＞　　　　＜プロパティを使うイメージ＞

Logger.log('ハロー');　　　　　let tall = ビジネスパーソン.身長;

　　　　↓　　　　　　　　　　　変数 tall には　185 が入ります

ビジネスパーソン.話す('ハロー');

ChatGPTが出すコードには、プロパティやメソッドの記述が多く出てきます。.（ドット）が入ったコードがあれば、「あ、これは何か用意されているプロパティやメソッドを使っているんだな」と思ってもらえれば大丈夫です。

 .（ドット）が1つじゃないことがある

次のコードのように、ドットが複数になり、いくつかのプロパティやメソッドがつながれて書かれることがあります。

```
const sheet = SpreadsheetApp.getActiveSpreadsheet().
getSheetByName('シート1');
```

　これは、次のように2行に分けられるのですが、面倒だから1行につなげて書くことができるということです。

```
const spreadsheet = SpreadsheetApp.getActiveSpreadsheet();
const sheet = spreadsheet.getSheetByName('シート1');
```

　ですので、.（ドット）がいくつかある場合は、○○の○○の○○　のように、数珠つながりでメソッドを実行したり、プロパティを取得したりしていると思ってください。
　もともとGASに用意されているメソッドを使ったコードを書いてもらいましょう。

ChatGPTにコードを書いてもらおう

 ChatGPTに投げるプロンプト

GASで今日の日付を表示するコードをかいて

 ChatGPTの回答

```
function displayTodaysDate() {
    // 現在の日付を取得
    var today = new Date();
    // 年、月、日を取得
    var year = today.getFullYear();
    var month = today.getMonth() + 1; // 月は0から11までの値を
```

取るため、+1する
```
    var day = today.getDate();

    // 表示用の文字列を構築
    var formattedDate = year + '/' + addZeroPadding(month) + '/'
+ addZeroPadding(day);

    // 日付をログに表示
    Logger.log('今日の日付: ' + formattedDate);
}

// 1桁の月や日を2桁にするための関数
function addZeroPadding(number) {
    return ('0' + number).slice(-2);
}
```

解説

5行目からメソッドの記述が出てきます。today.getFullYear(); では、Dateオブジェクト（today）の今の年を取得するメソッドgetFullYear()を使って今年の年数2024を取得しています。月を取得するのはgetMonth()メソッド、getDate()は日付を取得するメソッドです。()がついているからどれもメソッドということがわかりますね。

こんな感じで、プログラムは、もともと用意されたメソッドを駆使して書かれています。

このコードでは、一番下のほうに、addZeroPaddingという関数を作ってくれています。例えば「3月」と表示するところを「03月」というように数字が1桁の場合は2桁表示に変換する関数です。これはGASにそういったメソッドが用意されていないので自分で作った、ということになります。

ChatGPT、なかなか気が利いてますね。

10 API

最後にAPIについて説明しておきたいと思います。APIはApplication Programming Interfaceといって、たとえばChatWorkとGoogleカレンダーなど、**異なるサービス・アプリケーション同士を連携するための仕組み**です。

他サービスと連携する仕組みが API

GAS はチャットワーク、Slack 、Youtube、X(旧 Twitter)、freee などと連携ができる

　たとえば、GASのプログラムを実行して、Googleカレンダーに登録されている今日のスケジュールをChatWorkに送るアプリを作るとします。その場合、GASとChatWorkは別のサービスなので、それらを連動するためのAPIの情報が必要になります。

　ChatGPTではAPIを使うコードももちろん書いてくれますが、そのときに、「APIキー」とか「APIトークン」といったようなキーワードがコメントに書かれることがあります。そのときは自分が使っているサービスから発行される（設定されている）APIキーやトークンを取得して、プログラムに貼り付ける必要があるということを覚えておいてください。

　試しにChatGPTを使ってサンプルコードを出してもらいましょう。

ChatGPTにコードを書いてもらおう

 ChatGPTに投げるプロンプト

GASでChatWorkにチャットを送るコードを書いて

 ChatGPTの回答

Google Apps Script（GAS）を使用してChatWorkにチャットを送信するための基本的なスクリプトを以下に示します。このスクリプトは、ChatWork APIを使用しています。ChatWork APIの詳細については、ChatWork APIドキュメントを参照してください。

まず、ChatWork APIを利用するためには、ChatWorkのアカウントでAPIトークンを生成する必要があります。APIトークンを取得したら、以下のスクリプト内でトークンを使います。

解説

まずはコードの前に書かれているコメントです。GASからメッセージを送るには、ChatWork APIを使う必要があると書かれていますね。今回はAPIトークンというものをプログラムに書く必要があることがわかります。

次はコードのほうを見ていきましょう。

 ChatGPTの回答

```
function sendChatMessage() {
    // ChatWork APIトークン
    var ChatWorkApiToken = 'YOUR_CHATWORK_API_TOKEN';

    // 送信先のChatWorkルームID
    var roomId = 'YOUR_CHATWORK_ROOM_ID';
    // 送信するメッセージ
```

```
var message = 'Hello from Google Apps Script!';

// ChatWork APIのエンドポイント
var apiUrl = 'https://api.ChatWork.com/v2/rooms/' + roomId
+ '/messages';

// APIリクエストの設定
var options = {
  'method': 'POST',
  'headers': {
    'X-ChatWorkToken': ChatWorkApiToken
  },
  'payload': {
    'body': message
  }
};

// APIリクエストの送信
var response = UrlFetchApp.fetch(apiUrl, options);

// レスポンスのログ出力
 Logger.log('ChatWork API Response: ' + response.
getContentText());
}
```

解説

上のほうに、APIトークンを指定するところがあります。サンプルなので'YOUR_CHATWORK_API_TOKEN'と書かれていますが、この"の間の文字を消して、ChatWorkで取得できるAPIトークンと呼ばれるものをここに記述すればChatWorkと連動ができるようになります。

　// ChatWork APIトークン

> 　　var ChatWorkApiToken = 'YOUR_CHATWORK_API_TOKEN';
> APIトークンの取得方法はネットやChatWorkのドキュメントを見れば
> すぐにわかります。ちなみに、その下の
> var roomId = 'YOUR_CHATWORK_ROOM_ID';
> はメッセージを表示したいChatWorkのチャットルームIDになりま
> す。これもご自分のChatWorkから情報を取得する必要があります。

　このようにほかのサービスと連携するときは、連携するサービスからAPI
に関連する情報が必要で、ChatGPTにコードを書き出してもらった場合
は、適宜対象箇所を修正する必要があるということだけ覚えておいてくださ
い。

第 **4** 章

プログラム
リーディング
メソッド

プログラム リーディングメソッドとは？

　3章では「変数」や「メソッド」など、プログラムを読むために、ポイント となる基本的なキーワードについて説明してきました。ただ、一つひとつの ことを理解する前に、プログラム全体の流れを読むことがとても重要です。
　プログラムコードを読む流れは次のようになります。

（1）プログラムの全体の流れを把握する（この章で解説）
（2）一つひとつのコードが何をしているのかを理解する（3章の内容）

　この章では、プログラムの全体的な動きを理解するためのプログラムリー ディングメソッドを紹介します。プログラムの動きを理解することで、 ChatGPTの出したプログラムのエラーに対応したり、プログラムを組み合 わせてさらに高度なものを開発できたりするようになります。
　一見難しそうに見えるプログラムコードですが、1章で説明した「順番に 実行」「条件わけ」「くりかえし」の3つの考え方だけで構成されています。
　この「3つの考え方」の動きさえわかれば、プログラムが実行される流れ が見えてきます。
　具体的には次の3ステップでプログラムを読んでいきます。

☑ ステップ1：コードを囲む
☑ ステップ2：マークをつける
☑ ステップ3：上から動きを読む

 ### プログラムの構造を理解しよう

　3ステップの説明に進む前に、プログラムがどんな構造になっているのか

を説明しておきましょう。

　実はプログラムはいくつもの箱が組み合わさってできているようなものなのです。マトリョーシカのように箱の中に箱が入っていたり、箱が並んでいたりするイメージです。

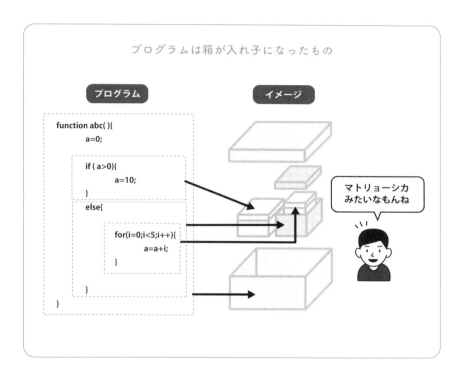

プログラムは箱が入れ子になったもの

プログラム　　　　　　　　　　　イメージ

```
function abc( ){
        a=0;

        if ( a>0){
                a=10;
        }
        else{

                for(i=0;i<5;i++){
                        a=a+i;
                }

        }
}
```

マトリョーシカ
みたいなもんね

　まずは、この入れ子になった箱をイメージした上で、先ほどご紹介した3ステップを具体的にすすめていきます。

 ## ステップ1：コードを囲む

　まずは、プログラムの中の「箱」をみつけます。いわゆるこれがプログラムの「区切り」になるのでこの区切りを認識することで、一気に読みやすくなります。

　今回本書で扱っているGASでは　{　と　}　で囲まれたところがその

「箱」＝「区切り」になります。（ほかの言語もだいたい同じです）

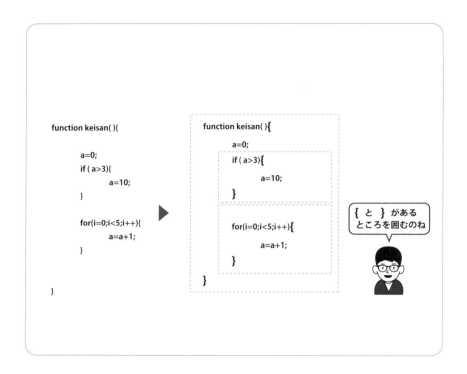

```
function keisan( ){

    a=0;
    if ( a>3){
        a=10;
    }

    for(i=0;i<5;i++){
        a=a+1;
    }

}
```

```
function keisan( ){
    a=0;
    if ( a>3){
        a=10;
    }

    for(i=0;i<5;i++){
        a=a+1;
    }
}
```

{ と } がある
ところを囲むのね

　図のように、{　から始まり　}で終わっている部分を線で囲みます。これ
で一気に読みやすくなったと思います。{}の中を1つのプログラムの箱だと
思ってください。その箱を開ける（実行する）こともありますし、条件によ
っては開かない（実行しない）こともあります。

　プログラムは上から読んでいきますので、たくさん箱がつまっている大き
な箱を、順番に開けていくイメージになります。

 ステップ2：マークをつける

　プログラムは「順番に実行」「条件わけ」「くりかえし」の3つの動きだけ
で構成されています。プログラムがどういう順番で何をしているのかを知る
には、この3つの動きを「マーク」で表現すればOKです。

次の表がマークとプログラムの対応表です。ここでは基本的に、「条件わけ」・「くりかえし」以外は「順番に実行」と思ってもらって構いません。

うごき	マーク	プログラム
順番に実行	↓	条件わけ・くりかえし以外
条件わけ	↙↗	if , else if, else, switch
くりかえし	↻	for, forEach , while

上の表を見ながら、さっきのプログラムにマークをつけてみましょう。

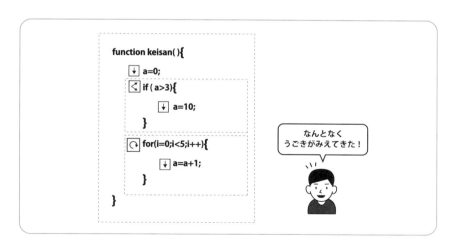

3つのマークを対応するプログラムコードの行頭にいれました。あとはこのマークの矢印にそって、上から読んでいくだけです。

ステップ3：上から動きを読む

　プログラムは上から実行されていきますので、さきほどつけたマークに沿って、上から順番に何が実行されるかを追っていけば、そのプログラムが何をしているのかが「読める」ようになります。

　条件や繰り返しが何をやっているかは、まず脇に置いておいて、順番通りに読んでいきましょう。

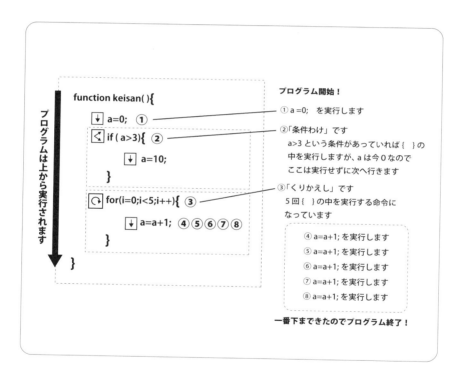

　マークや区切りがない状態よりもプログラムが一気に読みやすくなったと思います。ここまでの3ステップでプログラム実行の流れを読むことができるようになりました。

関数が入ってきたときの動き

　3章の「関数」のところで、その動きについて説明しましたが、このプログラムリーディングメソッドの中で、どのように関数の動きを示せばいいかを説明しておきましょう。

　関数は、「定義」と「呼び出し（実行）」の2つがありますので、関数を実行しているときは、単純に関数の定義のところまで矢印を引きましょう。

```
function keisan( ){
        a = 1;
        if ( a>3){
                c = tashizan( a, 10 );
        }
        else{
                c = hikizan( a, 5 );
        }

        Logger.log( c );
}

function tashizan( a, b ){
        return a + b;
}

function hikizan( a, b ){
        return a - b;
}
```

▶

```
function keisan( ){
    ↓ a = 1;
    ◁ if ( a>3){
                ↓ c = tashizan( a, 10 );
        }
    ◁ else{
                ↓ c = hikizan( a, 5 );
        }

    ↓ Logger.log( c );
}

function tashizan( a, b ){
    ↓ return a + b;
}

function hikizan( a, b ){
    ↓ return a - b;
}
```

　飛んだ先の関数にreturnの記述があれば、矢印を呼び出しているところに戻しましょう。

　関数の定義がない場合は、もともと用意されたメソッド（関数）を実行しているだけなので、矢印を引かなくて大丈夫です。（もともと用意されている関数の定義は見えないところにあるので、矢印の引きようがありません。）

　いかがでしょうか、これでプログラム全体の動きが視覚化され、どのよう

に動作しているのかがわかるようになりました。こういったマークや矢印は
コードをみやすくするために書いていますが、ChatGPTの書いてくれたコ
ードを何度も見るうちに、マークや矢印がなくても頭の中で動きがわかるよ
うになります。

**プログラムリーディング
メソッドを使ってみよう**

プログラムリーディングメソッドを使って、実際のコードの動きを追って
みましょう。

 問題1

次のプログラムを実行したとき、変数a,bには何が入るでしょうか？

```
a = 3 * 2;

if (a  < 10) {
    b = a + 4;
} else {
    b = a - 3;
}
```

【解答欄】

a

b

 **問題2**

次のプログラムを実行したとき、変数a, bには何が入るでしょうか？

```
let a = 0;
let b = 5;
```

```
for( let i = 0; i<5; i++){

        if( a<3){
                a ++;
        }
        else{
                b ++;
        }
        //この時点でa,bに何が入っているかこたえに書いてください
｝
```

【解答欄】

	a	b
i=0 のとき		
i=1 のとき		
i=2 のとき		
i=3 のとき		
i=4 のとき		

問題3

　次のプログラムを実行したとき、実行ログには何と表示されるでしょうか？

```
let list = [ 50, 20, 30, 10];
let sum = 0;

list.forEach( ( v, i )=> {

        sum += v;

});

if( sum>100){
        sum = 100;
}
else{
        sum = 0;
}

Logger.log( 'sumの値は' + sum);
```

【解答欄】

実行ログ

問題4

main()を実行したとき、実行ログには何と表示されるでしょうか？

```
function main(){
        let result = 2;
        for(let i=0; i<3; i++){
                result = keisan( 2 , result);
        }
        Logger.log( ' 計算結果は ' + result );
}
function keisan( a , b){
        return a*b+1;
}
```

【解答欄】

実行ログ

 問題5

main()を実行したとき、実行ログには何と表示されるでしょうか？

```
function main(){
        let score = [ 50, 20, 70, 10];
        score.forEach( ( v , i )=>{
                if( v>=50){
                        pass(v);
                }
                else{
```

```
                            failure(v);
                    }
            });
    }

    function pass( num ){
            Logger.log( num +' 点なので合格' );
    }

    function failure(num){
            Logger.log( num +' 点なので不合格' );
    }
```

【解答欄】

実行ログ

解答

問題 1
a:6　b:10

問題 2
（i=0のとき）a:1　b:5
（i=1のとき）a:2　b:5
（i=2のとき）a:3　b:5
（i=3のとき）a:3　b:6
（i=4のとき）a:3　b:7

問題 3
sumの値は100

問題 4
計算結果は23

問題 5
50点なので合格
20点なので不合格
70点なので合格
10点なので不合格

さらにプログラムを読みやすくするための3つのテクニック

先にご紹介したプログラムリーディングメソッドとともに、コードが読みやすくなる簡単テクニックをご紹介します。

ChatGPTが書き出してくれるコードには、そのプログラムが何をしているか説明しているコメントが付いてきます。

```javascript
function omikuji() {
    // おみくじの結果を格納する配列
    var omikujiResults = ["大吉", "中吉", "小吉", "吉", "末吉", "凶", "大凶"];

    // ランダムなインデックスを生成
    var randomIndex = Math.floor(Math.random() * omikujiResults.length);

    // ランダムな結果を取得
    var result = omikujiResults[randomIndex];

    // 結果をログに出力
    Logger.log("今日の運勢は「" + result + "」です！");
}
```

//から始まっている日本語の文章がコメントです。このコメントを読むだけでも、何をやっているかがだいたいわかりますよね。このコメントだけみてもよくわからない、もっと詳しく理解したい場合に、簡単にできるプログラムを読むテクニックを3つ紹介します。

テクニック1「わからないところは聞く」

ChatGPTは何でも教えてくれるので、プログラムを見てわからないところがあれば、ChatGPTに聞くというのが鉄則です。たとえば、コメントにある「おみくじの結果を格納する配列」の「配列」の意味や「インデックス」の意味も、プログラムを知らない人にとってはまったくわからないと思います。

都度「配列って何?」「インデックスって何?」ということをChatGPTに聞けば丁寧に教えてくれます。

テクニック2「素人向けにコード・コメント書いてもらう」

コードを書いてもらうときに、前提や条件として、素人向けにコードやコメントを書いてもらうようプロンプトで指示するのもひとつの手です。

 ChatGPTに投げるプロンプト

GASでおみくじのプログラムをつくって
#前提
プログラムを全く知らない人向けにコード、コメントをかく

ChatGPTが出す結果が変わらないこともありますが、有効な場合もありますので、コメントを読んでもわからない場合などは試してみてください。

テクニック3「コードを日本語にしてもらう」

プログラムコードそのものを日本語に置き換えてもらう方法もあります。先ほどのコードを日本語に書き直してもらいました。

```
function おみくじ() {
    // おみくじの選択肢を配列で用意
    var 運勢 = ["大吉", "中吉", "小吉", "吉", "凶"];
```

```
    // 乱数を生成しておみくじの結果を決定
    var ランダムなインデックス = 切り捨て(Math.乱数() * 運勢.長
さ);
    var 結果 = 運勢[ランダムなインデックス];

    // おみくじの結果をログに出力
    ロガー.ログ("今日の運勢は「" + 結果 + "」です！");

    // メッセージを返す
    戻る "今日の運勢は「" + 結果 + "」です！";
}
```

　これでいきなりプログラムが親しみやすく、読みやすくなったのではない
でしょうか？　たとえば

```
Math.floor(Math.random()*omikujiResults.length);
```

というプログラムが

```
切り捨て(Math.乱数() * 運勢.長さ);
```

と書き換えられることにより、何となくランダムな数字を小数点か何かを
切り捨てて計算していることがわかると思います。これらのテクニックを使
って、コード自体を読みやすくした上でプログラムリーディングメソッドを
使うと、よりプログラムの動きがわかりやすくなります。

第 **5** 章

実践編

ChatGPTと一緒に、
WEBアプリを作ろう！

WEBアプリを作るときに必要な基礎知識

 WEBアプリとスマホアプリ

　いよいよ実践編ということで、アプリを作っていきます。WEBアプリについてある程度の知識が必要ですので、ここでは基礎知識についてお話ししていきます。

　WEBアプリはインターネットブラウザ（ChromeやEdgeやSafariなど）で動くものを指します。いわゆるWEBサイトではなく、システムやゲームなど高機能な、アプリ的なものを指します。

　アプリというと、「スマホアプリ」をイメージされる方もいらっしゃると思います。少しあいまいですが、これはスマートフォン純正アプリという位置付けになります。スマホアプリはGooglePlayやAppStoreでダウンロードできるもので、開発者はそこでアプリを販売することができます。

　スマホアプリは開発のための準備のハードルが少し高く、開発言語も基本的に今回扱うGASとは違うものになりますし、販売するための審査もあります。AndoridであればAndroid Studio、iPhoneであればXcodeなどの開発環境が必要です。

　もちろんこれらの開発言語もChatGPTは対応できますので興味のある方はスマホアプリの開発にもぜひトライしてみてください。本書を読んでプログラムが読めるようになっていれば、スマホアプリも開発できると思います！

WEB アプリとスマホアプリの違い

WEB アプリ

ブラウザ上で動くものは
WEB アプリ

GAS で作れる

スマホアプリ

Android や iPhone 専用に開発
GooglePlay や App store で販売できる

専用の開発環境が必要

 ## WEBアプリを動かすためのファイルとは?

　WEBアプリは複数のファイルを使って作られています。WEBアプリを作るプロンプトを書く際には、ファイル構成の知識が最低限必要になります。次のファイルが基本のファイルになります。しっかり覚えておきましょう。

①HTMLファイル
　WEBサイト（アプリ）に表示する言葉や画像をここに書きます。
ファイル名の形式：○○○.html
　おもにindex.htmlという名前がWEBサイトのトップページに使われます。本書ではhtmlの名前はindex.htmlで統一していきます。

②　css（スタイルシート）ファイル
　cssと呼んだり、スタイルシートと呼んだりします。HTMLファイルで表示する内容のレイアウト・デザインに関して、記述するファイルです。
ファイル名の形式：○○○.css
　たとえば、文字を太字にしたり赤にしたりということをcssに書きます。ボタンを角丸にしたり、右上に配置したりページ全体に余白をつけたりとレイアウト構成でもいろいろなことができます。

③JavaScript ファイル

WEBサイトやWEBアプリに動きをつけるプログラムを書くファイルです。

ファイル名の形式：○○○.js

スライドショーなどWEB上のアニメーション表示や、ボタンやキーボードを押した時のイベント（動き）などがこのファイルに書かれています。GASとJavaScriptは書き方がほぼ同じですので、いまは同じものだと思ってもらって構いません。プログラムリーディングメソッドを使って同じように読むことができます。

④GASファイル

WEBアプリの画面を作るindex.htmlを表示したり、Googleスプレッドシートやカレンダー、メール等のアプリとの連携をするために使います。

ファイル名の形式：○○○.gs

ChatGPTでは、ファイル名を指定しなければCode.gs（コード.gs）というファイル名で書いてくれます。本書でもGASファイルはコード.gsで統一します。

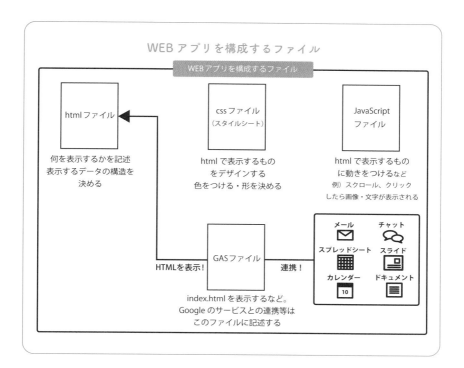

ファイル名の形式の最後に書いてある.cssや.jsは、拡張子といって、ファイルの種類を示すものになります。

このほかにデータベースといって、さまざまな情報を管理するための仕組みもありますが、今回のWEBアプリでは扱わないので、説明を省略します。GASで作るWEBアプリでは、Googleスプレッドシートがデータベースの代わりになってくれます。

WEBアプリといっても、いろいろな作り方があります。今回ご紹介する作り方はあくまでも、簡単に作ることを前提にしていますので、プログラミングに慣れてきたら、さまざまなやり方を試してみてください。

GASでは2つのファイルだけ使う

これからWEBアプリをGASエディターで書いていきますが、いまお伝えした3ファイルとGASファイルの4つも扱わなくてはいけないので大変で

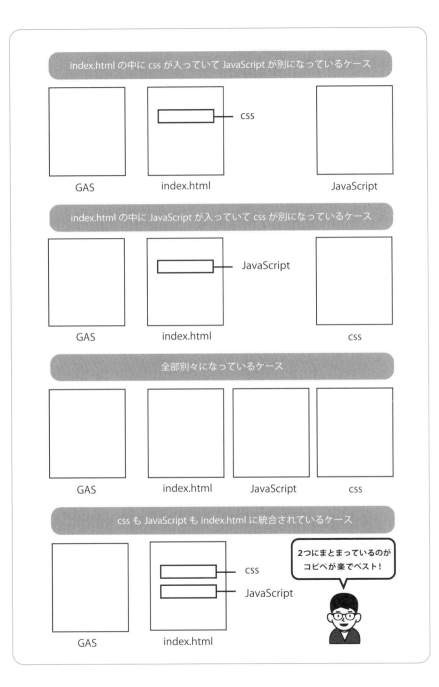

す。

　そこで、本書ではGASファイルとHTMLファイルの2つだけでＷＥＢアプリを作ります。なぜ2つだけでできるかというと、cssとJavaScriptの内容はHTMLに全部まとめて書くことができるからです。(GASエディターでは、css、JavaScriptを別ファイルでつくって、HTMLファイルでそれらを読み込む・リンクすることはできます。)

　プロンプトを書くときに、下記の文を入れておけば、GASファイルとHTMLファイルの2つで済みます。

---

　css、JavaScriptはindex.htmlに書いてください

　こういった指定をしないと、3ファイルだったり、4ファイルだったりと毎回いろんなパターンでコードが書き出されます。たとえば左の図のような感じです。

　「GASとhtmlだけで」と指定することがポイントだということがわかりますよね。

 ## GASとJavaScriptはほぼ同じ

　WEBアプリにはJavaScriptが使われます。先ほどもお伝えしましたがJavaScriptとGASはほぼ同じものです。GASを使わないWEBアプリやWEBサイトは、見た目の機能のプログラムがほぼJavaScriptに書かれます。html、css、JavaScriptを書いてサーバーにアップすればWEB上で動くアプリがつくれるということですね。

　本書では、サーバーにファイルをアップする作業やデータベースの準備を省いて、すぐにアプリがつくれることを目的としているため、GASファイルが必要になります。

　アプリ機能のプログラムを、すべてGASに書かなくても、JavaScriptに書けば事足りることもたくさんあります。GASには他アプリとの連携や、htmlファイルを表示する(画面を表示する)ことだけを書いて、それ以外は

JavaScriptに書くというパターンもあります。

「プログラムはすべてGASに書く」というわけではない、ということを覚えておいてください。ChatGPTが出すコードは、図のようにプロンプトで指定した機能をJavaScriptにほとんど書く場合と、GASに書く場合といろいろです。

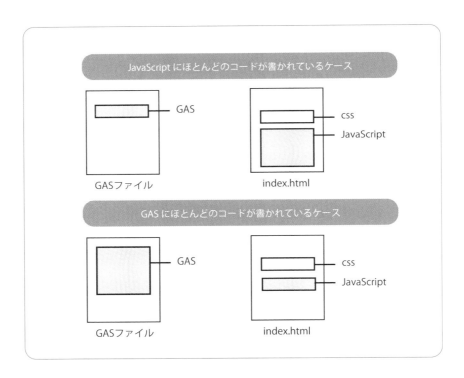

 ## HTML/css/JavaScriptの中身をみてみよう

WEBアプリのベースでもあるHTMLとcss、JavaScriptについて基礎知識をつけておきましょう。

①HTML
HTMLファイルのコードは一般的にhtml（エイチティーエムエル）と呼びます。プログラムと違って、タグと呼ばれる＜＞で囲まれたものや文字で構

成されています。ほとんどのタグが開始タグと、／（スラッシュ）が入った終了タグ（例：<head>と</head>）でセットになっています。

　<　>で囲まれたタグがあれば「あ、これはhtmlだ」と思ってもらえればOKです。

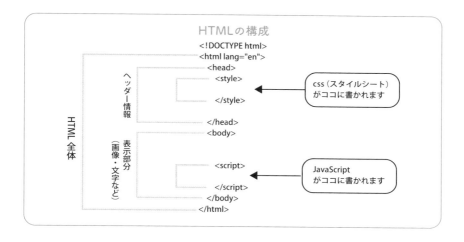

一番上のタグは「これはhtmlです」と宣言するタグですが、開始タグと終了タグでセットになっていないタグになります。画像を表示する<img>というタグもセットになっていないタグで、こういったタグもあることを覚えておいてください。

　次に<html>タグですが、これはhtml全体を囲むタグです。これらはルールとしてあるものなので、「そういうものなのね」という感じでいいと思います。

　<html lang="en">と書かれていますが langはlanguageの略でページ（アプリ）が何語で書かれているか指定するものになります。enはenglishの略です。日本語指定する場合は、<html lang="ja">と書きますが、enのままでも日本語表示されます。気になる方は変更してください。

　次に<head>と<body>の、2つのタグセットがあります。

　<head>部分は、サイトのアイコンや、ほかのファイルへのリンクなどを記述します。実際の画面には表示されない部分になります。css（スタイル

シート）をhtml内に書く場合、<head>部分に書くのが一般的です。ここに記述しなくても機能はするので、ChatGPTはほかのところに書くこともあるかもしれません。

　<body>部分は画面に表示される文字や画像などを記述します。このタグの中にも、<div>はじめまして</div>のように、さまざまなタグが記述されます。タグや文字、画像のURLなどを構造的に書くところが<body>〜</body>になります。JavaScriptをhtml内に書く場合は、<body>部分に入ることがほとんどです。cssと同様、ChatGPTの気分次第で別のところに書かれることもあるでしょう。

②css（スタイルシート）

　HTMLタグで指定された部分のデザインやレイアウトを決める記述です。

　基本的には<style>から</style>の中に記述されます。文字やボタンの色、大きさや位置はcssで指定しています。HTMLタグとcssの記述はたとえば次のようになります。

　HTMLでよく使われる<div>タグを使って説明していきます。タグとcssをリンクするには、タグのほうにcssの名前を指定します。

　#がついているのはidで指定（id指定）、.がついているのはclassで指定（class指定）します。

　css名は自由につけられます。今回は同じ「btn」という名前にしていますが、＃と.でそれぞれ別の記号がつくので、まったく違うものとして扱われます。 ＜div＞タグで囲まれた「これはID指定」と書かれている部分は、#btnのcssとリンクするので、この場合は文字色が赤で、文字サイズが15px（ピクセル）ということになります。

「これはクラス指定」と書かれている部分は .btnとリンクするので文字色が黄色で文字サイズが10pxになります。.がついたclass指定は、HTML内では同じ名前で何回も使えますが、#がついたid指定は、同じ名前のものは一度しか使えません。

class指定の場合、同じ名前が何度も使える

```
<div class="abc">・・・</div>
<div class="abc">・・・</div>
```

id指定の場合、同じ名前は一度しか使えない（下はダメな例）

```
<div id="abc">・・・</div>
<div id="abc">・・・</div>
```

　また、cssはタグ名でも指定できます。図のcssの一番右の指定は、＜div＞タグで囲まれた部分で、背景色を青にする指定になります。class指定は、同じデザインのボタンをいくつも作るときなどに、id指定はJavaScriptで何か操作するときなどに使われます。

③JavaScript

　HTML内の＜script＞ ～ ＜/script＞に記述されます。WEBアプリ上のボタンをクリックするときにどうするかや、GASファイルとのデータやりとりなどを書くプログラム言語です。Logger.log()などGAS専用のメソッド以外は、GASとほぼ同じです。

ChatGPTの回答によって、JavaScriptとして書かれたり、GASとして書かれたりしますが、やっていることは同じものだと思って大丈夫です。

 ## WEBアプリ開発を始めよう！

　まずは、とても簡単なWEBアプリを作ってみましょう。この章で作成するアプリは、すべて今から紹介するパターンで作るので、まずはこのやり方を覚えてください。
　画面にボタンを表示して、そのボタンをクリックするとhelloと表示されるアプリを作ります。イメージとしてはこういった画面になります。

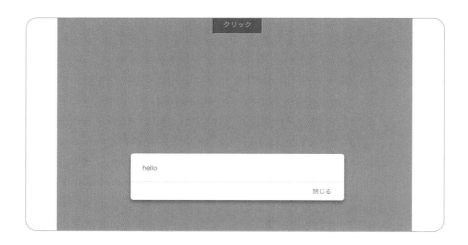

　まずは、プロンプトを入力して、ChatGPTにコードを書いてもらいましょう。#や-を使って、ChatGPTにも理解しやすいように書いていきます。

 ChatGPTに投げるプロンプト

以下の条件でGASとhtmlのコードをかいて

#条件

-css、JavaScriptはindex.htmlに書く

-「クリック」とかかれたボタンが表示されて、押すとhelloと画面に表示

する

– ボタンは背景が青で、文字の色は白

　このプロンプトを送ると、たとえば次のようにGASとHTMLの2つのファイルのコードを出してくれます。これらをそれぞれコピーして貼り付けたらアプリの完成です。

ChatGPT の回答

Code.gs (GAS スクリプト)

```javascript
function doGet() {
  return HtmlService.createHtmlOutputFromFile('index')
    .setTitle('ボタンのクリック');
}
```

index.html (HTML ファイル)

```html
<!DOCTYPE html>
<html lang="en">
```

　まずはGASスクリプト（Code.gs）をGASエディターに貼り付けましょう。復習も兼ねてGASスクリプトを作るところから説明していきます。

①Google ドライブにアクセス

https://www.google.com/drive/

②GASファイルを作成

　左上「新規」ボタンをクリックして「その他」＞「Google Apps Script」を
クリックしてGoogleエディター画面に移ります。

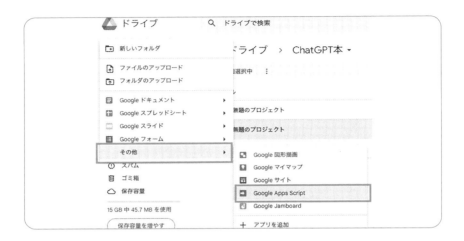

③コードをコピペする

　GASが作られて、Googleエディター画面が表示されます。上の部分にプ
ロジェクト（アプリ）の名前が表示されているので、クリックして名前を変
更しておきます。（上画面では「TEST」になっています）

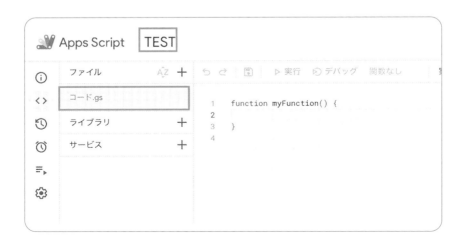

　左上の「コード.gs」がGASファイルになります。ChatGPTは英語で表記することもあるので、Code.gsとして出力されることが多いと思います。

　コード.gsをクリックして、ChatGPTが書いてくれたコードをコピペします。もともと書かれている function myFunction(){ ～ } は削除しておきます。

ChatGPTの回答【コード.gs（GASスクリプト）】

```
function doGet() {
    return HtmlService.createHtmlOutputFromFile('index')
        .setTitle('ボタンのクリック');
}
```

　貼り付けたら保存ボタンをクリックしてファイルを保存します。保存をしないと貼り付けたコードが正しく実行されないので、忘れないようにしてください。これでGASのほうは完了です。

　次はHTMLファイルです。

HTMLファイルを作成

　HTMLファイルはGASファイルと違って、最初からファイルはないので新しく作ります。左上、「ファイル」の右にある「＋」ボタンを1回クリックします。

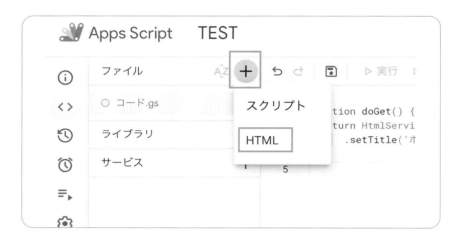

「スクリプト」と「HTML」というメニューが表示されます。今回はHTMLファイルを作るので、「HTML」をクリックします。

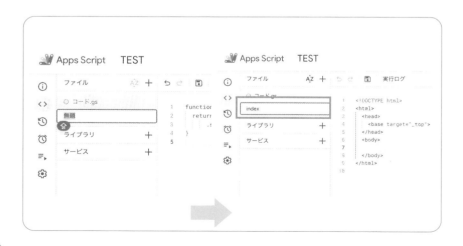

HTMLファイルができて、ファイル名を指定できるようになる（最初は「無題」と表示されている）ので、今回は「index」と入力します。

これでWEBアプリを表示するindex.htmlができました。「.html」という拡張子は、勝手にGASエディターがつけてくれますので、ファイル名は「index」のみで大丈夫です。

ファイルができたので、ChatGPTが書いてくれたコードをコピペします。GASファイルと同様に、もとから書かれている<!DOCTYPE html>から最後の</html>までは、削除してから貼り付けます。

次に保存ボタンをクリックして、ファイルを保存します。

 ChatGPTの回答【index.html】

```html
<!DOCTYPE html>
<html lang="en">
<head>
    <meta charset="UTF-8">
    <meta name="viewport" content="width=device-width, initial-scale=1.0">
    <title>ボタンのクリック</title>
</head>
<body>

<button id="clickButton">クリック</button>

<script>
    document.getElementById('clickButton').addEventListener('click', function() {
        alert('hello');
    });
</script>
```

```
<style>
    body {
      text-align: center;
      background-color: #f0f0f0;
    }

    button {
      background-color: #3498db;
      color: #fff;
      padding: 10px 20px;
      font-size: 16px;
      cursor: pointer;
    }
</style>

</body>
</html>
```

　これで準備完了です。ChatGPTが書いてくれるコードでは、GASのコード内の、htmlファイル名を指定する部分で、「index」のiが大文字になって、「Index」となることがときどきあります。

---

index の i が大文字の I になっている例

↷　　💾　　▷ 実行　　🐞 デバッグ　　myFunction ▼　　実行ログ

```
function doGet() {
  return HtmlService.createHtmlOutputFromFile('Index')
    .setTitle('ボタンのクリック');
}
```

　GASでは、大文字と小文字を区別するので、そのままコピペするだけだとエラーになります。この手のエラーはよくあるので気をつけてください。

 ## デプロイ：プログラムを実行

　GASとHTML、2ファイルの準備ができたので、あとはプログラムを実行し、WEBアプリを起動させるだけです。いままではGASエディターの「実行」ボタンを押していましたが、HTMLと連動したWEBアプリを表示するときは違う方法でやります。
　画面右上に「デプロイ」という青いボタンがあります。そこをクリックして、「新しいデプロイ」をクリックします。

```
1  function doGet() {
2    return HtmlService.createHtmlOutputFromFile('Index')
3      .setTitle('ボタンのクリック');
4  }
5
```

デプロイとは作ったものを公開することになります。公開といっても、GASのデプロイ設定で自分しか見られないようにできるので安心してください。

次に、「デプロイタイプを選択してください」と表示されるので左上の歯車のアイコンをクリックして「ウェブアプリ」を選択します。

すると次の画面が表示されます。「アクセスユーザー」が「自分のみ」になっています。この設定であれば、ほかの人から作ったアプリを見られないことになります。ここの設定を「全員」などに変えると、広く公開され、社内

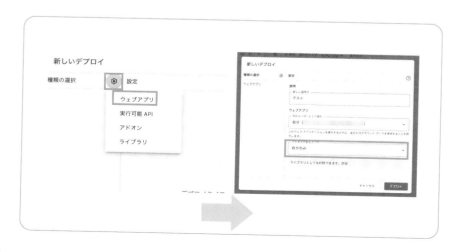

でアプリを共有することができます。

画面下のウェブアプリのURL（青字のところ）をクリックすると、アプリが表示されます。

次の画像がWEBアプリの画面です。一番上のメッセージは、確認して問題なければ右端の×をクリックしましょう。（表示されたままでも大丈夫です。）

「クリック」ボタンを押すと、画面にhelloと表示されるか確認してみましょう。

　アプリのデザインや表示方法は、ChatGPTの回答によってさまざまですので、上図のようになっていない場合もあると思います。

　もし何も表示されない場合は、ChatGPTの回答の下にある再回答ボタン（④）をクリックするか、「何も表示されないので修正して」と指示をして、修正コードを書いてもらいましょう。

　どちらの方法でもいいですが、再回答のボタンをクリックした方が、チャットのスレッド（やりとり）が長くならないのでおすすめです。

 デプロイの機能について

　デプロイメニューをクリックすると、3つのメニューが出てきます。簡単にそれぞれの機能の説明をしておきます。

①新しいデプロイ

アプリを公開(自分だけ公開も可)するときに使います。アプリを作ったら、初めにやりましょう。デプロイするたびにアプリのURLは変わるので注意してください。

②デプロイを管理

アプリは、修正を加えてデプロイするたびに、バージョン1、バージョン2のように保持しておくことができます。前のバージョンのアプリを実行したいときは、このメニューから実行することができます。

たとえば、社内でアプリのURLを共有したときなどに、一度デプロイしたアプリを修正して新しくデプロイしようとすると、URLが変わってしまうため、URLを再度伝える必要が出てきます。こういった場合は、「デプロイを管理」メニューから、アプリのURLを変えずに再デプロイをすることができます。手順としては「デプロイを管理」画面の右上、ペンのマークをクリックします。

次に「バージョン」と書かれているところの▼ボタンをクリックするとプルダウンが表示されますので「新しいバージョン」を選んで右下「デプロイ」ボタンをクリックします。こうするとウェブアプリのURLが変わらずに、デプロイすることができます。

③デプロイをテスト

公開前にテストバージョンとして、動作を確認するときに使います。とり
あえずアプリの動作を確認したいとき、「新しいデプロイ」よりも「デプロイ
をテスト」のほうがすぐに確認できるので、修正中はテストで実行するのが
おすすめです。

 WEBアプリを修正してみよう

先ほど作成したアプリですが、ちょっと修正を加えてみましょう。アプリ
の背景をグレーにして、ボタンを緑色に変えてみましょう。プロンプトは次
の通りです。

 ChatGPTに投げるプロンプト

このアプリの背景をグレーにしてボタンを緑色に変えて

 ChatGPTの回答【index.html】

```
<!DOCTYPE html>
<html lang="en">
<head>
```

```html
    <meta charset="UTF-8">
    <meta name="viewport" content="width=device-width, initial-scale=1.0">
    <title>ボタンのクリック</title>
</head>
<body>

<button id="clickButton">クリック</button>

<script>
    document.getElementById('clickButton').addEventListener('click', function() {
        alert('hello');
    });
</script>

<style>
    body {
      text-align: center;
      background-color: #888888; /* グレーの背景色 */
    }

    button {
      background-color: #4CAF50; /* 緑の背景色 */
      color: #fff;
      padding: 10px 20px;
      font-size: 16px;
      cursor: pointer;
    }
</style>

</body>
```

```
</html>
```

　色などのデザインは、index.htmlの中にあるcss（スタイルシート）に書かれています。（上記のコードだとhtmlの下部、<style> 〜 </style>まで）
　そのため、修正コードはほとんどindex.htmlだけ表示されるかと思います。表示されたコードをコピーしてindex.htmlに貼り付けましょう。GASファイル（Code.gs）も表示された場合は、両方コピペしましょう。
　まずは「デプロイをテスト」をクリックして確認しましょう。すると背景色、ボタンの色が変わった画面が表示されると思います。

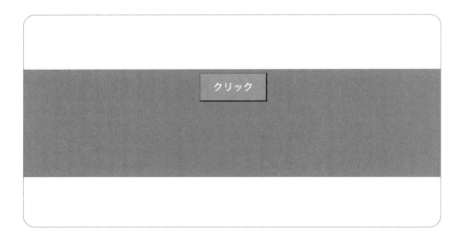

　このように、ChatGPTに指示をすれば、どんどん変更することができます。修正されたものをコピペしてデプロイすれば、修正されたWEBアプリの完成です。
　今回は、簡単なデザインの修正をしましたが、プログラムコードの修正も同様のやり方です。デザインに関しても今回のように、どんどんレイアウトを変更したり、自分好みのデザインに変えたりすることができます。
　ChatGPT4では画像ファイルもアップロードできるので、自分が作りたいイメージの画像をアップして、「こんな感じにして」というと、アップしたイメージに近いデザインに修正してくれます。

02 WEBアプリ開発のための プロンプトの書き方

 3ステップ開発のすすめ

これからプロンプトを使って、アプリをいくつか開発していきますが、現状、ChatGPT3.5では、一度のやりとりで複雑な機能を持ったアプリのコードは書いてくれません。また、何度再回答を促しても、自分がほしい機能が抜け落ちることがあります。

1回のプロンプトで、アプリ機能を満たしたものができない場合や複雑なものを作りたい場合は、次の3ステップで進めるといいです。

STEP1：ベースのコードを書いてもらう
　　　　メイン機能を搭載したものなど、1回のプロンプトでできる
　　　　範囲のコード
STEP2：機能を追加（完成するまで繰り返す）
STEP3：デザインを変更

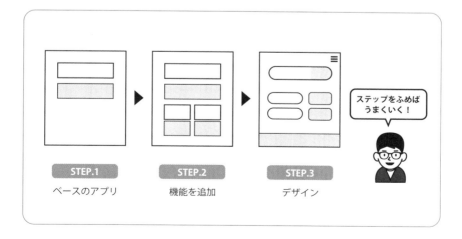

STEP.1　ベースのアプリ
STEP.2　機能を追加
STEP.3　デザイン

ステップをふめば
うまくいく！

もちろん1回のプロンプトで完成してしまうこともありますので、まずは試してみて、うまくいかない場合は、細かく分解してプロンプトを投げるようにしてください。

　1点注意してほしいのは、機能追加、修正する場合は「上記のコードを使って修正してください」という文言を追加する点です。これを書いておかないと、前に作ったのとはまったく別の新しいコードが出されて、前にあった機能が無くなってしまうことがあります。

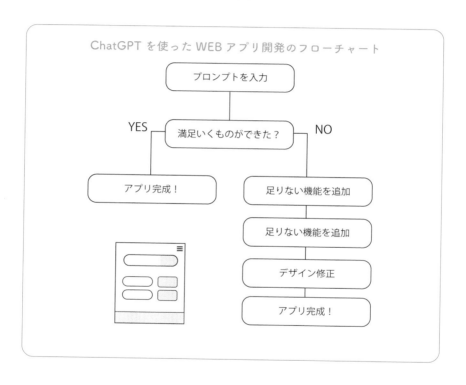

ChatGPTを使ったWEBアプリ開発のフローチャート

プロンプトを入力

満足いくものができた？　YES　NO

アプリ完成！

足りない機能を追加

足りない機能を追加

デザイン修正

アプリ完成！

 これでうまくいく！アプリ開発プロンプトのコツ

　プロンプトの書き方については前にお話ししましたが、ここではアプリ開発時のプロンプトの書き方のコツをご紹介します。

　作る前は「こんなアプリが作りたいなぁ」というイメージがあると思いま

す。何も考えず思ったままに「○○で○○があって○○ができるアプリのコードを書いて」とプロンプトを投げても、満足のいくコードが出てくるとは限りません。

　プロンプトは**具体的かつ明確**に、ときには記号も使って、ChatGPTがわかりやすいように書く必要があります。つまり、アプリの仕様書がプロンプトになっていることが一番と言えるでしょう。仕様書といってもそんなに難しくないので安心してください。

　これは、私がWEBアプリを作る際に使っているプロンプトテンプレートです。#を文頭につけて、情報をカテゴリ分けして記述します。○○の部分には文章が入ります。

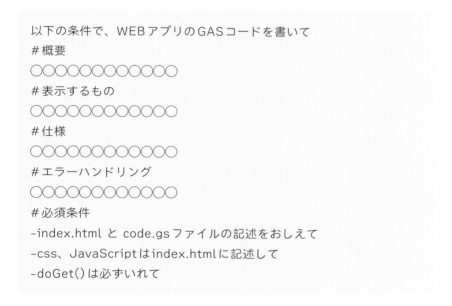

```
以下の条件で、WEBアプリのGASコードを書いて
#概要
○○○○○○○○○○○○○
#表示するもの
○○○○○○○○○○○
#仕様
○○○○○○○○○○○
#エラーハンドリング
○○○○○○○○○○○
#必須条件
-index.html と code.gsファイルの記述をおしえて
-css、JavaScriptはindex.htmlに記述して
-doGet()は必ずいれて
```

#概要

　アプリの概要です。仕様は概要を詳しくしたものですが、概要を書いておけば、#仕様で書いた内容で足りないものを補完してくれる可能性もあります。また、プロンプトで何を依頼したのかが、パッと見てわかるので便利です。

表示するもの

ボタンや入力フォーム、画像など、アプリにアクセスした際、画面に表示されているものを記述します。

何かをクリックしたときに表示されるものは、操作に関連するものなので、仕様のほうに書いても構いません。

改行をいれて、箇条書きで書きましょう。リストのときは文頭に - (ハイフン) 記号を使います。(・など、ほかの記号でも回答はさほど変わらないと思います)

仕様

仕様の記述によって、コードが大きく変わってきますので、この部分が一番重要です。

仕様を考えるときに必要なのが「分解力」になります。簡単に言うと、「ユーザーアクション (操作)・イベント」と「結果」をリストアップしていきます。「いつ・何が起こったとき」→「どうなる」この2つで考えるとわかりやすいでしょう。

次のステップで抜け漏れなく書き出していきます。

STEP1　作りたいアプリから必要な機能をリストアップ
　　　　次の2つに分けて書いておきましょう
　　　　・ユーザーアクションのある機能
　　　　・イベント機能 (ユーザーアクションと関係のない機能)
STEP2　STEP1の機能を実現するための完成イメージを書く
STEP3　ユーザーアクションで何が起こるか具体的に書き出す
　　　　完成イメージに表示されたボタンやフォームなどのUI (ユーザーインターフェース) を操作したときに何が起こるかをリストアップします。
　　　　次の書き方をイメージすると描きやすいと思います。
　　　　○○ (UI) を　○○したとき (アクション)　○○になる (結果)

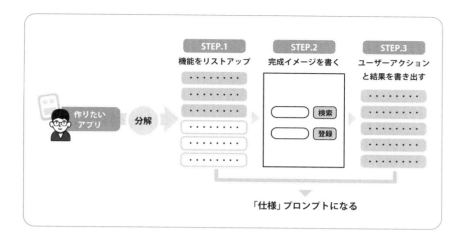

STEP.1 機能をリストアップ

STEP.2 完成イメージを書く

検索
登録

STEP.3 ユーザーアクションと結果を書き出す

作りたいアプリ → 分解 →

「仕様」プロンプトになる

　STEP1とSTEP3でリストアップしたものが、そのまま仕様になります。STEP1で書いたもののうちユーザーアクションに関しては、ほぼSTEP3に置き換えられるので、重複して書く必要はありません。STEP1にあってSTEP3にないものは、ユーザーアクションに関係ないイベント機能になります。

　たとえば「指定時間になったら○○という表示する」というゲームであれば、「タイマーが0になったらゲームオーバー」というイベント機能が必要です。

　例として、指定時間に、あらかじめ入力しておいたメール文が送られるWEBアプリの仕様を考えてみましょう。

指定時間入力しておいたメール文が送られる WEB アプリの仕様

STEP.1
機能をリストアップ

| ユーザーアクション | メール文のデータ登録 |
| | メールを送る時間が指定できる |

| イベント | 設定した時間に登録した文章がメールで送られる |

STEP.2
完成イメージを書く

登録
00：00　設定

STEP.3
ユーザーアクションと結果を書き出す

フォームに文章を入力して登録ボタンを押すとデータが登録される

時間を設定する入力フォームに時間を指定して設定ボタンを押すとメールを送信する時間が登録される

　STEP1でリストアップしたユーザーアクションの機能を実現することを考えると、STEP2で必要なボタンや入力フォームなどが出てきます。その画面イメージをみながら、STEP3で具体的なプロンプトを書いていきます。
　最終的には次の3つを仕様プロンプトとして書けばいいということになります。

・設定した時間に登録した文章がメールで送られる（STEP1：イベント機能）
・フォームに文章を入力して登録ボタンを押すと、データが登録される（STEP3）
・時間を設定する入力フォームに時間を指定して、設定ボタンを押すとメールを送信する時間が登録される（STEP3）

　このアプリでは、データを登録するデータベースが必要ですが、今回はわかりやすくするために入れていません。ちなみに、GASではデータ登録するためのデータベースは、Googleのアプリである「スプレッドシート」を使います。

#エラーハンドリング

　何か入力内容がおかしかったり、誤った操作をした場合は、エラー表示をする方がユーザーにやさしいアプリになります。エラー時にどうするかをここに記述します。

　たとえば、電話番号の入力フォームに、全角で入力されたら「半角で入力してください」と表示する、もしくはエラー表示せずに半角に自動変換する、といったことです。

#必須条件

　HTMLとGASファイルだけでWEBアプリを作る場合は、この記述を必ず入れるようにしてください。そのままコピペで大丈夫です。

```
#必須条件
-index.html と code.gs ファイルの記述をおしえて
-css、JavaScriptはindex.htmlに記述して
-doGet()は必ずいれて
```

　上の2行は、GASとHTMLの2つだけコードを出してという意味と、JavaScriptやcssファイルをHTMLの中に記述してという意味です。2行は似たような意味ですが、私の経験上、1行だけだと無視されることがあるので、同じことを別の書き方で指示しています。

　最後のdoGet()というのは、GASがHTMLを呼び出す（表示する）ときに実行される関数で、この記述がないと、HTMLが表示されないコードが出されることがあるので、条件として明示しておきます。

ChatGPTの振る舞いが設定できる前提条件

　このほかに「あなたはGASのプロフェッショナルです。初心者にわかりやすいようにコードとコメントをかいてください」というようなChatGPTの振る舞いの前提条件を設定する場合もあります。

　今回のプロンプトに書いていないのは、特に指定してもしなくてもあまり変わらなかったためです。ChatGPTが出してくれるコメントはほとんどわかりやすいものですし、もしわからなければ都度聞けばいいのであまり気になりません。もし入れるのであれば、先述のCustom instructionsに設定するのもひとつの手です。

　ここまで説明してきましたが、まったく同じように真似する必要はありません。アプリを作りながら、自分なりにカスタマイズして、よりよいプロンプトを作っていってください。仕様についてはとても重要なので、本書のやり方などを使って、具体的に抜け漏れなく明示できるようにしましょう。

 ## ChatGPTに頼るのもあり

　WEBアプリ開発において、プロンプトの書き方をChatGPTに聞くのもひとつの手です。「○○を作るのに必要なプロンプトを教えて」と書けば、すぐに答えがでてきます。あとはそれに従って書いていけばOKです。

　前にお伝えしましたが、実際に私も、アプリを作るのに必要なプロンプト例をChatGPTに出してもらい、それをもとにプロンプトを書いて、アプリを作ることができました。

　また、いったんプロンプトすべて、もしくは＃をつける項目だけを作ったあと、「このプロンプトで足りないものがあれば教えて」とChatGPTに聞くのもありです。

 ## UI（ユーザーインターフェース）を知ろう

　プロンプト作成時に、最低限知っておいた方がよいUIについて紹介します。UIとはユーザーが画面で操作するときに使うものです。基本的にはHTMLファイルにUIの記述がされます。

UI のイメージ

①入力フォーム（テキストフォーム）

　文字（数字）が入力できるところを入力フォームと呼びます。入力範囲が1行のものを指すことが多く、ChatGPTは何も指定しないと1行のフォームを作ることが多いです。

②パスワードフォーム

　入力フォームと同じですが、パスワードを入力するフォームなので、入力した文字が＊などの伏字になります。

③テキストエリア

　文字（数字）が入力できる複数行の入力フォームです。

④ラジオボタン

　選択肢の中からどれか一つだけ選択することができるUIです。

⑤**チェックボックス**

　選択肢の中から複数選択できるUIです。

⑥**プルダウン（ドロップダウン）**

　クリックすると、複数の選択肢を縦に並べて表示するUIです。ラジオボタンは選択肢が多いと掲載スペースをとりますが、プルダウンだと1選択肢分しか表示しないので、省スペース化が図れます。

　通常プルダウンといえば、ラジオボタンと同じで1つだけしか選択できないものを指しますが、複数選択できるものもあります。「複数選択できるプルダウン」と書けばChatGPTには通じます。

⑦**ボタン**

　登録や検索などを実行するなどのアクションをするときに押すボタンです。必ずしもボタンでないとクリックできないということはありません。文字でも画像でも背景でも、アプリ上の要素は何でもクリック対象になります。

　フォームという言葉ですが、入力できる箇所だけでなく、プルダウンやラジオボタンなどをまとめてフォームといったりします。たとえば、WEBサイトによくある問い合わせページの入力フォームやプルダウン、テキストエリアなどをまとめて「問い合わせフォーム」と呼んだりします。

【アプリ開発①】まずはここから
「おみくじアプリ」

　ここからは実際に、WEBアプリを開発していきます。

　おみくじは「ランダムな数字」と「条件わけ」を使ったプログラムで作ることができます。まずは、先ほどの仕様を分解するステップでおみくじの機能を洗い出してみましょう。

STEP1
ユーザーアクション機能:
ボタンをクリックしたらおみくじの結果が表示される
イベント機能:なし

STEP2
イメージをかいてみましょう。ボタンしかないので簡単ですよね。

中吉

おみくじ

STEP3
ボタンをクリックしたら大吉・中吉・凶が画面に表示される

機能を洗い出したら、プロンプトテンプレートを使って書いてみましょう。

 ChatGPTに投げるプロンプト

以下の条件で、WEBアプリのGASコードを書いて
#概要
ボタンを押すとおみくじの結果が表示されるアプリ
#表示するもの
ボタン
#仕様
ボタンをクリックすると大吉・中吉・凶のどれかが画面に表示される
#エラーハンドリング:
なし
#必須条件
-index.html と code.gs ファイルの記述をおしえて
-css、JavaScriptはindex.htmlに記述して
-doGet()は必ずいれて

 ChatGPTの回答【index.html】

```
<!DOCTYPE html>
<html lang="en">
<head>
    <meta charset="UTF-8">
    <meta name="viewport" content="width=device-width, initial-scale=1.0">
    <style>
     button {
        padding: 10px;
        font-size: 16px;
        cursor: pointer;
     }
```

```
      </style>
  </head>
  <body>

      <button onclick="getFortune()">Click for Fortune</button>
      <p id="fortune-result"></p>

      <script>
        function getFortune() {
          const fortunes = ['大吉', '中吉', '凶'];
          const randomIndex = Math.floor(Math.random() * fortunes.
length);
          const fortuneResult = fortunes[randomIndex];

          document.getElementById('fortune-result').innerText = '結
果: ' + fortuneResult;
        }
      </script>


  </body>
  </html>
```

 ChatGPTの回答【Code（コード）.gs】

```
function doGet() {
    return HtmlService.createHtmlOutputFromFile('index')
      .setTitle('Fortune Teller App')
      .setSandboxMode(HtmlService.SandboxMode.IFRAME);
}
```

　一連の流れでWEBアプリを作っていきます。いままでやってきた手順を
まとめておきます。以下の順番でWEBアプリをデプロイしてみてくださ

い。

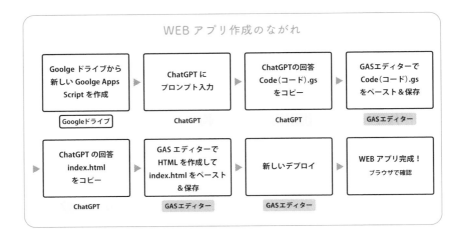

実行結果はこんなイメージになりました。

Click for Fortune

結果: 大吉

『Click for Fortune』ボタンをクリックすると、おみくじの結果が表示され
ました。おみくじの機能としてはしっかり動いています。

おみくじのプログラムは簡単なものなので、実は最初に書いたプロンプト
ほどきちんとしたものでなくても、正しく書いてくれます。たとえば「ボタ

ンを押したらくじの結果（大吉・中吉・凶）を表示するアプリをGASで作って」というプロンプトでも、コード自体はほぼ問題なく書いてくれます。

ただ、必須条件だけはつけないと、ファイルが複数できたりhtmlが表示されなかったりするので気をつけましょう。

 コードを読んでみよう

先ほどの、html、GASファイルのコードを簡単に読んでみましょう。デプロイしてできたWEBアプリのURLにアクセスすると、図に示す流れでプログラムが実行されます。

本書でご紹介するWEBアプリはすべてこの流れで進みますので覚えておいてください。

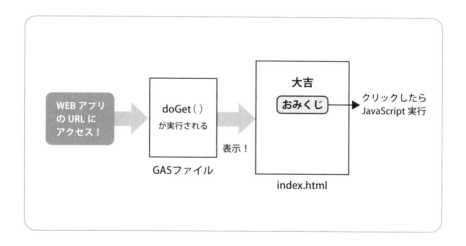

最初に実行されるのはGASファイルのdoGet()関数で、関数内のコードで指定したhtmlファイルを表示するためのコードが書かれています。プロンプトでdoGet()を入れるように指示しているのはこのためです。

①GASファイル

GASファイルの記述を見てみましょう。今回のおみくじ機能はほとんどindex.html内のJavaScriptに書かれているので、GASファイルはindex.html

を表示しているだけになります。

```
function doGet() {
    return HtmlService.createHtmlOutputFromFile('index')
        .setTitle('Fortune Teller App')
        .setSandboxMode(HtmlService.SandboxMode.IFRAME);
}
```

　GASファイル内に書かれているのは　function で始まる関数、doGet()関数です。
　doGet()関数はWEBアプリ表示時に自動的に実行されます。return というのは関数を呼び出したところに実行結果などを戻すという意味でした。
　何を戻しているのかみていきましょう。まず、.(ドット)でいろんなメソッドが実行されているのがわかります。メソッドは「.メソッド名()」という形式でしたね。このかたちがいくつもつながって、いろんなことを実行しているのがわかると思います。.を日本語に置き換えた文章にしてみます。

```
HtmlService　の
createHtmlOutputFromFile('index')を実行して（A）
setTitle('Fortune Teller App')を実行して（B）
setSandboxMode(HtmlService.SandboxMode.IFRAME)を実行（C）
```

ということになります。
　（A）のメソッドは 引数 'index' という名前のindex.htmlファイルを表示するという意味です。
　htmlファイルがうまく表示されないときは、ここの引数名がhtmlのファイル名と合っていない場合が多いです。
　indexのはずなのに、最初が大文字でIndexと書かれてしまうことが結構

あります。

（B）はそのhtmlファイルのタイトルを 'Fortune Teller App' に指定します。ブラウザのタブなどに、ここで指定したページのタイトルが表示されていると思います。

（C）はHTMLファイルを表示する際にサンドボックスモードで実行して表示するということを指示しています。サンドボックスモードは不正なコードやセキュリティの脆弱性がないようにするための保護機構です。これを指定しておけば安全というくらいに考えてください。

3章・4章の内容でメソッドを理解していれば、何かを連続して実行しているコードだということがすぐわかると思います。実際にこれらのメソッドが何をしているかを知りたい場合は検索してもいいですし、コードをコピーしてChatGPTに質問すれば、丁寧に教えてくれます。

②HTMLファイル

次はhtmlの中身を読んでいきましょう。

<head> ～ </head>内にかかれている <style> ～ </style>で囲まれた記述がcssです。<body>以下に書かれているタグのデザインをしています。

```
<!DOCTYPE html>
<html lang="en">
<head>
    <meta charset="UTF-8">
    <meta name="viewport" content="width=device-width,
initial-scale=1.0">
    <style>
     button {
       padding: 10px;
       font-size: 16px;
       cursor: pointer;
     </style>
</head>
```

ここではボタンを示す<button>タグのデザインをしています。
<body>内に書かれたタグが実際に表示するものです。

```
<body>

    <button onclick="getFortune()">Click for Fortune</button>
    <p id="fortune-result"></p>
```

<button>タグと<p>タグが書かれています。<button>がボタンで、<p>
で囲まれたところが、おみくじの結果を表示する部分になります。アプリに
アクセスした最初の画面では、おみくじはまだ引いてないので、ボタン以外
何も表示されていません。<p>タグが<p ……>で始まって、何も文字が書
かれず</p>で終わっているのはそのためです。
　ここには、ボタンをクリックしたときにJavaScriptでおみくじの結果が表
示されるようになります。
　<script> 〜 </script>で囲まれているところはJavaScript、プログラムコ
ードです。GASと同じなのでプログラムリーディングメソッドで読むこと
ができます。

```
<script>
function getFortune() {
  const fortunes = ['大吉', '中吉', '凶'];
    const randomIndex = Math.floor(Math.random() *
fortunes.length);
    const fortuneResult = fortunes[randomIndex];

    document.getElementById('fortune-result').innerText =
'結果: ' + fortuneResult;
  }
```

```
    </script>

</body>
</html>
```

今回のプログラムでは「条件わけ」や「くりかえし」が使われていません。function getFourtune()｛ …… ｝がgetFourtune関数の定義になります。ボタンをクリックすると、この関数が実行されて、おみくじの結果が表示されます。ただ、「ボタンをクリックしたらgetFourtune()を実行する」という記述がJavaScript内には見当たりません。

画面に表示されたものに、何かイベントが起こったとき（このアプリではボタンを「押す」というイベント）に、JavaScriptを動作させる記述は、JavaScriptの中に書かれることもありますし、HTMLのタグの中に書かれることもあります。HTMLを見てみましょう。

```
<button onclick="getFortune()">Click for Fortune</button>
```

と書かれています。onclick というのは「これをクリックしたら」という意味です。 = の後に先ほどのgetFortune()関数が書かれています。つまり、ボタンをクリックしたら、関数を実行するように指定してあることがわかります。

このようなかたちでHTML、css、JavaScriptがそれぞれリンクして動いているイメージを持ってもらえればと思います。

次はJavaScriptの中身を見てみましょう。

```
const fortunes = ['大吉', '中吉', '凶'];
```

このコードは配列ですよね。おみくじの結果は「これとこれとこれ」とい

う感じでfortunesという配列に、値（おみくじの結果）を設定しています。配列なので、おみくじの結果に「末吉」を追加したければ、次のように書けばいいですよね。

```
const fortunes = ['大吉', '中吉', '凶',' 末吉' ];
```

　コードが読めるようになっていれば、直接プログラムに修正を入れてChatGPTに頼らずに自分で修正ができるようになります。

　次はこのコードです。

```
const randomIndex = Math.floor(Math.random() * fortunes.length);　・・・・(A)

const fortuneResult = fortunes[randomIndex];　・・・・(B)

    document.getElementById('fortune-result').innerText = '結果: ' + fortuneResult;　・・・・(C)
```

　これらのコードはおみくじの結果に何を表示するかを決めているところになります。今回は結果を表示する仕組みを読みたいので、(A)(B)(C)の中で一番表示に近いとぱっと見でわかるところ、(C)から読んでいきます。
　document.getElementById()というのは()があるのでメソッドです。cssでfortune-result という名前でID指定しているところを指しています。

　次に. (ドット) でつながっているinnerTextは()がないのでプロパティです。これは「指定したところの文字（タグの中の文字）」を指します。全部続けて読むと「fortune-result という名前でID指定しているところの文字」となります。

　このコードでは、\<div id="fortune-result"\>\</div\>となっている部分の、タグの間に'結果: ' + fortuneResult という文字を入れる、ということをおこなっています。

　では『fortuneResultには何が入っているんだ？』ということで（B）をみます。

　するとfortuneResultには、fortunes[randomIndex]が入っている（代入されている）ことがわかります。fortunesというのは'大吉'などのおみくじの結果が入った配列ですよね。たとえば、fortunes[0]の中身は'大吉'になります。

　randamIndexが0か1か2というランダムな数字になっているから、おみくじの結果が、fortunes[0]→'大吉'、fortunes[1]→'中吉'、fortunes[2]→'凶'というランダムな結果がアプリに表示されているということが推測できます。

　最後に、randomIndexはどうやってランダムな数字を作っているんだ？ということで次は（A）を見ます。

```
const randomIndex = Math.floor(Math.random() * fortunes.
length);　・・・・・・（A）
```

　これはメソッドの中にメソッドが入っているかたちになります。

　Math.random()はランダムな0〜1未満の数字（小数：例0.74569とか）をランダムで作ってくれるメソッドです。

　fortunes.lengthというのは()がないのでfortunesという配列のプロパティになります。lengthは長さを示すものなので、この場合は配列に値が入っている数、つまり3になります。「末吉」を追加した場合は1つ増えて4ですね。

　この2つを＊で掛け算しているのですが、0から1未満のランダムな少数と整数を掛けると、たとえば、0.4*3だと1.2、0.9*3だと2.7というように、配列の番号を指定したい0、1、2という整数にならないので、Math.floorというメソッドで小数点を切り捨てています。こうすることで、必ず0、1、2いずれかの数字がrandomIndexに入るので、大吉、中吉、凶を表示できるよう

になります。

　最初なので、少し詳しく説明しましたが、コードを読むときは、今回のように自分が知りたいことから順番に探していくのがいいと思います。

 ## デザインを変更する

　いまのままだとちょっとデザインが寂しいのと、STEP2で書いたイメージと異なるのでChatGPTに修正してもらいましょう。

　最初のプロンプトで、ボタンの中の文字の指定をしていなかったので、「おみくじ」というボタンにしてもらうようにします。

 ChatGPTに投げるプロンプト

　上記のコードに以下の修正をしてください
　- ボタンの文字は「おみくじ」に変更
　- ボタンの背景色は白にして
　- ボタンはもう少し大きく、角丸で影をつけて
　- おみくじの結果とボタンは画面　縦横中央に表示するようにして
　- 背景は薄い水色にして
　- おみくじの結果表示するときの文字は今の2倍にして
　- おみくじの結果の表示から　結果：　は削除して
　- おみくじの結果の表示位置の真下にボタンを配置して

 ChatGPTの回答【index.html】

```
<!DOCTYPE html>
<html lang="en">
<head>
    <meta charset="UTF-8">
    <meta name="viewport" content="width=device-width, initial-
scale=1.0">
    <style>
      body {
```

```
    background-color: #e0f7fa; /* 薄い水色の背景 */
    display: flex;
    flex-direction: column;
    align-items: center;
    justify-content: center;
    height: 100vh;
    margin: 0;
  }

  button {
    padding: 15px;
    font-size: 24px; /* 文字サイズを2倍に */
    cursor: pointer;
    background-color: #ffffff; /* 白い背景 */
    border: none;
    border-radius: 10px; /* 角丸 */
    box-shadow: 0 4px 8px rgba(0, 0, 0, 0.1); /* 影を追加 */
    margin-top: 20px; /* マージンを追加 */
  }

  #fortune-result {
    font-size: 24px; /* 文字サイズを2倍に */
  }
  </style>
</head>
<body>

  <p id="fortune-result"></p>
  <button onclick="getFortune()">おみくじ</button>

  <script>
    function getFortune() {
```

```
    const fortunes = ['大吉', '中吉', '凶'];
    const randomIndex = Math.floor(Math.random() * fortunes.
length);
    const fortuneResult = fortunes[randomIndex];

    document.getElementById('fortune-result').innerText =
fortuneResult;
    }
  </script>

</body>
</html>
```

　デザインはhtmlとcssが担当するところになります。今回、修正指示をしたのはデザインだけなので、index.htmlのみ修正をして、GASファイルの変更はありません。

　プロンプトの最初に、以下の一文を入れることで、GASファイルを再度作り直さない結果になったとも言えるかと思います。

　　上記のコードに以下の修正をしてください

　今回色やかたちの指定をしたので、index.html内の<style> 〜 </style>までの記述がいろいろ追加されています。コメントをみるとよくわかると思います。

　一度デプロイしているので、今度は「デプロイをテスト」で実行結果を確認します。実行結果はこの通りです。イメージした通りになりました。

　このように、最初からデザインまでプロンプトに書くのではなく、初めはアプリの機能だけコードを書いてもらい、その後、実行結果をみながらデザインを修正するというやり方もあります。

　デザイン指示まで入れるとプロンプトが長くなり過ぎてしまい、ChatGPTが満足のいくコードを出してくれないことが多いので、ステップバイステップで少しずつバージョンアップしていきましょう。

 ## 画像を表示する

　WEBアプリは画像も表示できます。画像もデザイン要素なので、html,cssに書かれる記述になります。次の画像のようにおみくじのイメージを表示してみましょう。

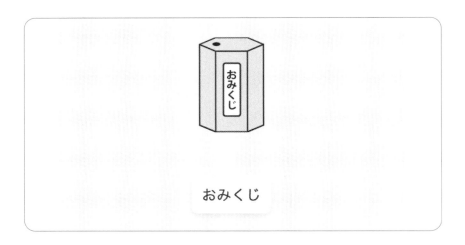

おみくじ

　画像は私が用意しているので、フリーで使っていただいて構いません。ただし、実際にWEBアプリで画像を扱うときは、画像の著作権に気をつけてください。

　さて、画像ですが、WEBアプリの場合は、自分のパソコンに入っているものを表示することはできません。ネット上に置いてある画像であれば使うことができます。先ほどのおみくじの画像は、ネット上に置いてあります。画像のアドレスは次の通りです。

　https://eny.fun/chatgpt_book/1omikuji.png

　このアドレスをブラウザに入れてアクセスすれば、画像が表示されますので、みなさんが作るWEBアプリでも、このアドレスを使えば画像が表示されます。

　では、この画像のアドレスを使ってプロンプトを書いてみましょう。

 ChatGPTに投げるプロンプト

上記のコードに次の修正をくわえてください

– おみくじの結果の表示位置の上に、次のアドレスの画像を表示する

https://eny.fun/ChatGPT_book/1omikuji.png

– 画像は最初から表示しておく

ChatGPT の回答【index.html】

… (省略)
```
    </style>
</head>
<body>

    <img id="fortune-image" src="https://eny.fun/chatgpt_
book/1omikuji.png" alt="Fortune Image">
    <p id="fortune-result"></p>
    <button onclick="getFortune()">おみくじ</button>

    <script>
```
(省略) …

htmlの中ほどの位置に


```
<img id="fortune-image" src="https://eny.fun/chatgpt_
book/1omikuji.png" alt="Fortune Image">
```


と書かれています。この記述がおみくじの画像を表示している部分になります。どうでしょう、画像が正しく表示されたでしょうか。

　Googleドライブにアップしたファイルも、共有機能を使えばWEBアプリで使うことができます。共有機能は誰もがみられるようにする設定もあるので、扱いには十分気をつけてください。自分で作った画像や写真をWEBアプリで使いたい場合は活用してみましょう。

【アプリ開発②】こんなのも できる！「ビンゴゲーム」

次はゲームを作ってみましょう。完成イメージはこちらです。

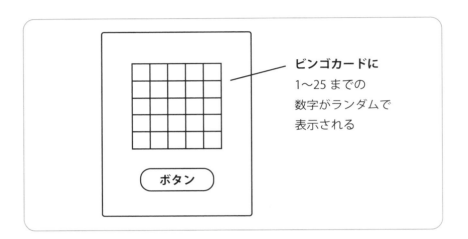

ビンゴカードに
1〜25 までの
数字がランダムで
表示される

ボタン

プロンプト例を見る前に、まずはこのビンゴゲームのイメージから、プロンプトを作ってみましょう。

私が最初に作ったプロンプトはこれです。デザイン部分は省いています。

 ChatGPT に投げるプロンプト

以下の条件で、WEBアプリのGASコードを書いて
#概要
ビンゴゲームができるWEBアプリ
#表示するもの
–縦5マス横5マス（1から25の数字がランダムに表示されている）
–ボタン
#仕様
–ボタンをクリックしたら1から25の数字が表示される

- 画面を表示したときは縦5マス横5マスのマス目に、1から25の数字がランダムに表示されている
- ボタンをクリックして出てきた数字がマス目にあればそのマス目の背景を赤にする
- ボタンをクリックして出てきた数字も画面に表示する

#エラーハンドリング:
なし
#必須条件
- index.html と code.gs ファイルの記述をおしえて
- css、JavaScriptはindex.htmlに記述して
- doGet()は必ずいれて

　最初は表示するビンゴのマスを「5x5のマス」とプロンプトに記述していましたが、マス目が縦に並んでしまうChatGPTの回答が何回かあったので、「縦5マス横5マス」とプロンプトを修正して、再回答してもらいました。
　人間には理解できても、ChatGPTには理解しにくい言葉というのは、やはりまだまだありますね。

 ChatGPTの回答【index.html】

```html
<!DOCTYPE html>
<html lang="en">
<head>
    <meta charset="UTF-8">
    <meta name="viewport" content="width=device-width, initial-scale=1.0">
    <style>
      body {
        display: flex;
        flex-wrap: wrap;
        justify-content: space-around;
      }
```

```css
    .bingo-cell {
      width: 50px;
      height: 50px;
      text-align: center;
      line-height: 50px;
      border: 1px solid #000;
      margin: 5px;
    }

    button {
      margin-top: 10px;
      padding: 10px;
      font-size: 16px;
      cursor: pointer;
    }
    #bingo-container {
        display: flex;
        flex-wrap: wrap;
        justify-content: space-around;
        max-width: 350px;
    }
  </style>
</head>
<body>

  <script>
    function generateBingo() {
      const bingoContainer = document.getElementById('bingo-container');
      bingoContainer.innerHTML = '';

      const numbers = Array.from({ length: 25 }, (_, index) => index + 1);
```

```
    shuffleArray(numbers);


    for (let i = 0; i < 25; i++) {
      const cell = document.createElement('div');
      cell.className = 'bingo-cell';
      cell.innerText = numbers[i];
      bingoContainer.appendChild(cell);
    }
  }


  function shuffleArray(array) {
    for (let i = array.length - 1; i > 0; i--) {
      const j = Math.floor(Math.random() * (i + 1));
      [array[i], array[j]] = [array[j], array[i]];
    }
  }


  function drawNumber() {
    const randomNumber = Math.floor(Math.random() * 25) + 1;
    const bingoContainer = document.getElementById('bingo-container');
    const cells = bingoContainer.getElementsByClassName('bingo-cell');


    for (let i = 0; i < cells.length; i++) {
      if (parseInt(cells[i].innerText) === randomNumber) {
        cells[i].style.backgroundColor = 'red';
      }
    }


    const drawnNumberDisplay = document.getElementById('drawn-number');
    drawnNumberDisplay.innerText = `Drawn Number: ${randomNumber}`;
  }
</script>
```

```
<div id="bingo-container"></div>

<button onclick="drawNumber()">Draw Number</button>
<p id="drawn-number"></p>
<button onclick="generateBingo()">Generate Bingo</button>

</body>
</html>
```

 ChatGPTの回答【Code.gs】

```
function doGet() {
    return HtmlService.createHtmlOutputFromFile('index')
        .setTitle('Bingo Game App')
        .setSandboxMode(HtmlService.SandboxMode.IFRAME);
}
```

　このコードから、WEBアプリを表示して、「数字を引く」ボタンを何回か
クリックした際の画像はこちらです。

8	20	5	11	6
5	8	12	7	8
10	6	21	3	5
9	10	4	6	14
3	12	6	7	5

数字を引く

完成図を見るとわかると思いますが、このプロンプトにはミスがあって、同じ番号がビンゴカードに入っています。これはこれでラッキーカードとしていいかもしれませんが、追加でプロンプトを入れて修正してもらいます。

ChatGPT に投げるプロンプト

このコードのままで次の修正をして
　−縦5マス横5マスに表示される数字は、同じ数字が入らないようにして

ChatGPT の回答【index.html】

```
<!DOCTYPE html>
<html lang="ja">
<head>
    <meta charset="UTF-8">
    <meta name="viewport" content="width=device-width, initial-scale=1.0">
    <style>
     body {
        display: flex;
        justify-content: center;
        align-items: center;
        height: 100vh;
        margin: 0;
        font-family: Arial, sans-serif;
     }

     table {
        border-collapse: collapse;
     }

     td {
        width: 40px;
```

```
      height: 40px;

      text-align: center;

      border: 1px solid #ccc;

    }


    button {

      padding: 10px;

      margin-top: 10px;

      cursor: pointer;

    }

  </style>

</head>

<body>


  <table id="bingo-table">

    <!-- ビンゴのテーブルセルはJavaScriptを使用して動的に埋められます -->

  </table>


  <button onclick="drawNumber()">数字を引く</button>


  <script>

    // 1から25までのランダムな数字の配列を生成する関数

    function generateRandomNumbers() {

      const numbers = Array.from({ length: 25 }, (_, index) => index + 1);

      return numbers.sort(() => Math.random() - 0.5);

    }


    // 初期のビンゴテーブルを描画する関数

    function drawInitialTable() {

      const table = document.getElementById('bingo-table');

      const uniqueNumbers = generateRandomNumbers();
```

```javascript
    for (let i = 0; i < 5; i++) {
      const row = table.insertRow();

      for (let j = 0; j < 5; j++) {
        const cell = row.insertCell();
        cell.textContent = uniqueNumbers.pop();
      }
    }
  }

  // ランダムな数字を引いて対応するセルをハイライトする関数
  function drawNumber() {
    const randomNumber = generateRandomNumbers().pop();
    alert(`引かれた数字: ${randomNumber}`);

    const table = document.getElementById('bingo-table');

    for (let i = 0; i < table.rows.length; i++) {
      for (let j = 0; j < table.rows[i].cells.length; j++) {
        if (table.rows[i].cells[j].textContent == randomNumber) {
          table.rows[i].cells[j].style.backgroundColor = 'red';
        }
      }
    }
  }

  // ページ読み込み時に初期のビンゴテーブルを描画する
  drawInitialTable();
</script>

</body>
</html>
```

実行結果をみると、同じ数字が表示されないようになりました。

15	16	12	14	1
11	6	3	2	7
19	9	20	17	13
18	5	23	8	4
24	22	10	21	25

数字を引く

コードが修正されたところで、コードの流れを簡単に見ていきましょう。JavaScriptの部分ですが、functionから始まる関数がいくつかあります。

おみくじアプリと同じように、ボタンをクリックしたらdrawNumber()を実行するように書かれています。drawNumber()には、引かれた数字が表示されて、その数字のマスが赤くなるコードが書かれています。

```
// ランダムな数字を引いて対応するセルをハイライトする関数
function drawNumber() {
    const randomNumber = generateRandomNumbers().
pop();
    alert(`引かれた数字: ${randomNumber}`);

    const table = document.getElementById('bingo-table');
```

関数の中をみると、for文とif文が実行されているのがわかると思います。for文は「くりかえし」、if文は「条件わけ」でしたね。このコードは出た番

号のマスの背景を、赤くする機能が書かれています。

```
for (let i = 0; i < table.rows.length; i++) {
    for (let j = 0; j < table.rows[i].cells.length; j++) {
        if (table.rows[i].cells[j].textContent ==
randomNumber) {
        table.rows[i].cells[j].style.backgroundColor = 'red';
        }
    }
}
```

　最初のforは、1行目から5行目まで5回繰り返すことを意味していて、次のforは、1列目から5列目まで5回繰り返すことを意味しています。

　まずは1行目の1列目、2列目、…5列目まで見て、次に2行目というように、すべてのマスの中身をチェックしていっています。コードに出てくるrowsとcellsはこんなイメージです。

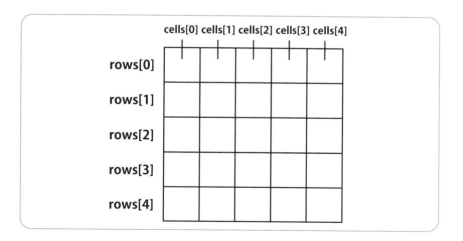

　数字がでたら、for文を2つ使って、左上から右下まで中身を見てチェックします。チェックする中で「もし同じ番号があれば赤に塗る」ということ

でifが使われています。forとifの意味がわかるだけでも何をしているか想像がつきますね。

　さて次ですが、ビンゴカードはどうやって作られているのでしょうか？コメントをみるとわかるように、最後のほうでdrawInitialTable()関数を実行しているのがわかります。

```
// ページ読み込み時に初期のビンゴテーブルを描画する
drawInitialTable();
```

　この記述があるので、アプリ表示をしたら、最初にdrawInitialTable()が実行され、その後、generateRandomNumbers()が呼ばれます。

```
// 初期のビンゴテーブルを描画する関数
function drawInitialTable() {
  const table = document.getElementById('bingo-table');
  const uniqueNumbers = generateRandomNumbers();

  for (let i = 0; i < 5; i++) {
    const row = table.insertRow();

    for (let j = 0; j < 5; j++) {
      const cell = row.insertCell();
      cell.textContent = uniqueNumbers.pop();
    }
  }
}
```

　generateRandomNumbers()の中身をみると 最後にreturnの記述がありま

すが、これは呼び出したところにその値を返すということでした。

```
function generateRandomNumbers() {
  const numbers = Array.from({ length: 25 }, (_, index) =>
index + 1);
  return numbers.sort(() => Math.random() - 0.5);
}
```

　ランダムな数字の配列を作って、それを次のように呼び出しもと（drawInitialTable()の中のコード）に戻して、uniqueNumbersという配列にしています。

```
const uniqueNumbers = generateRandomNumbers();
```

uniqueNumbersの中を表示してみると、こんな感じになっています。

```
[10.0, 13.0, 1.0, 16.0, 11.0, 2.0, 6.0, 18.0, 24.0, 12.0, 15.0,
22.0, 17.0, 23.0, 19.0, 14.0, 20.0, 7.0, 3.0, 8.0, 4.0, 5.0,
9.0, 25.0, 21.0]
```

　上記はLogger.log()で中身を表示した例で、小数点が入った数字になっていますが、単に整数が入っていると思ってください。このランダムな数字を使ってビンゴカードを作っています。
　drawInitialTable()をさらに見ていくとその次にfor文が2つ実行されているのがわかると思います。

```
for (let i = 0; i < 5; i++) {
  const row = table.insertRow();

  for (let j = 0; j < 5; j++) {
    const cell = row.insertCell();
    cell.textContent = uniqueNumbers.pop();
  }
}
```

　画面に5x5のマスを作って、その中にuniqueNumbersに入った数字を入れているコードになります。

　uniqueNumbersのあとについている.pop()は（）がついているからメソッドで、配列の中身の一番最後に入っている値から、数字をとってきてくれます。さらにとってきた値は削除されるので、同じ数字がでることはありません。

```
pop()実行 1回目　[・・・25.0, 3.0, 5.0, 13.0]
pop()実行 2回目　[・・・25.0, 3.0, 5.0]
pop()実行 3回目　[・・・25.0, 3.0]
```

　一番最初に作ったビンゴでは、この記述がなかったので、ビンゴカードに同じ数字が入ってしまっていたのですね。

 ## デザインしよう

　デザインに手を加えましょう。今回も画像を1つ表示しています。

ChatGPT に投げるプロンプト

このコードのままで次の修正をして
–縦5マス横5マスの背景は白で、影を少しつけて
–アプリの背景色を背景色を薄いベージュにして
–次の画像urlのロゴを表示してください
https://eny.fun/chatgpt_book/2bingo.png
–次のようにロゴ、マス、ボタンを配置するようにして
こんな感じ
　　　［ロゴ］
［縦5マス横5マス］
　　　［ボタン］
–ボタンは背景白にして角丸にして、文字はGO!にして
–ボタンの文字の大きさを倍にして

今回はレイアウトを次のようなかたちで書きました。

　　　［ロゴ］
［縦5マス横5マス］
　　　［ボタン］

　縦の位置関係を示すときに効くプロンプトです。とはいえ、この通りにならなかったことは何度もあるので、確実とは言えませんがみなさんも試してみてください。

 ChatGPT の回答【index.html】

```
<!DOCTYPE html>

<html lang="ja">

<head>

    <meta charset="UTF-8">
```

```
<meta name="viewport" content="width=device-width, initial-scale=1.0">
<style>
  body {
    display: flex;
    justify-content: center;
    align-items: center;
    height: 100vh;
    margin: 0;
    background-color: #f5e4b5; /* 薄いベージュの背景色 */
  }

  #bingo-container {
    display: flex;
    flex-direction: column;
    align-items: center;
    box-shadow: 0 0 10px rgba(0, 0, 0, 0.2); /* 影を追加 */
    padding: 20px;
    background-color: white; /* 白い背景色 */
    border-radius: 10px; /* 角丸 */
  }

  table {
    border-collapse: collapse;
    margin-bottom: 20px;
  }

  td {
    width: 40px;
    height: 40px;
    text-align: center;
    border: 1px solid #ccc;
  }
```

```
  button {
    padding: 15px;
    margin-top: 10px;
    cursor: pointer;
    background-color: white; /* 白い背景 */
    border: none;
   border-radius: 10px; /* 角丸 */
    box-shadow: 0 4px 8px rgba(0, 0, 0, 0.1); /* 影を追加 */
    font-size: 20px; /* 文字サイズを倍に */
  }

  #bingo-logo {
    width: 100px; /* ロゴの幅 */
    margin-bottom: 20px; /* マージンを追加 */
  }
 </style>
</head>
<body>

  <div id="bingo-container">
    <img id="bingo-logo" src="https://eny.fun/chatgpt_book/2bingo.png"
alt="Bingo Logo">
   <table id="bingo-table">
    <!-- ビンゴのテーブルセルはJavaScriptを使用して動的に埋められます -->
   </table>
   <button onclick="drawNumber()">GO!</button>
  </div>
  <script>
   // 1から25までのランダムな数字の配列を生成する関数
   function generateRandomNumbers() {
    const numbers = Array.from({ length: 25 }, (_, index) => index + 1);
```

```javascript
  return numbers.sort(() => Math.random() - 0.5);
}


// 初期のビンゴテーブルを描画する関数
function drawInitialTable() {
  const table = document.getElementById('bingo-table');
  const uniqueNumbers = generateRandomNumbers();


  for (let i = 0; i < 5; i++) {
    const row = table.insertRow();


    for (let j = 0; j < 5; j++) {
      const cell = row.insertCell();
      cell.textContent = uniqueNumbers.pop();
    }
  }
}


// ランダムな数字を引いて対応するセルをハイライトする関数
function drawNumber() {
  const randomNumber = generateRandomNumbers().pop();
  alert(`引かれた数字: ${randomNumber}`);


  const table = document.getElementById('bingo-table');


  for (let i = 0; i < table.rows.length; i++) {
    for (let j = 0; j < table.rows[i].cells.length; j++) {
      if (table.rows[i].cells[j].textContent == randomNumber) {
        table.rows[i].cells[j].style.backgroundColor = 'red';
      }
    }
  }
}
```

```
    }

    // ページ読み込み時に初期のビンゴテーブルを描画する
    drawInitialTable();
  </script>

</body>
</html>
```

　今回は簡単な機能だけでしたが、ここから自分なりの機能をつけられると思います。たとえば、こんな機能を追加してみてはどうでしょうか。

✅ 自分でビンゴカードの数字を埋められるようにする
✅ 縦横斜めで揃ったときに「ビンゴ！」と表示する
✅ 自分で作ったビンゴカードともう1つ自動で作成されたビンゴカードを並べて、どちらが早くビンゴするかを競う

　興味のある方はぜひやってみてください。

【アプリ開発③】みんなが必要！「データ管理アプリ」

ここからはビジネスに役立つアプリを作ります。データの登録と削除、検索ができるアプリを作ってみましょう。

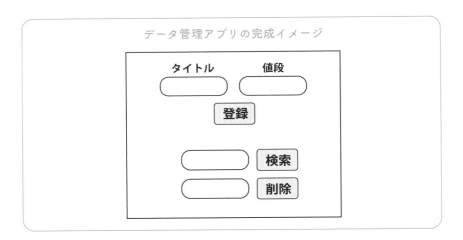

データ管理アプリの完成イメージ

| タイトル | 値段 |

登録

検索

削除

次のような書籍のデータ管理をするアプリにしようと思います。

- ☑ 登録するデータはタイトル、値段
- ☑ タイトル名で検索するとタイトル、値段が表示される
- ☑ タイトルを指定して削除ボタンを押すとそのデータが消える

いままでのアプリと違って、データを保存する機能が必要になります。変数や配列などにデータは保存できますが、ここに保存されたデータは、アプリを起動するたびに消されて何も残りません。

SNSや会計アプリのような業務システムは、データが消えないようにデータベースというものを使って、データを保存しています。GASでは、Googleスプレッドシートをデータベースとして使うことができます。スプ

レッドシートはMicrosoftのエクセルのようなもので、データを保存することができます。

WEBアプリでのスプレッドシートとのやりとりは次のイメージです。GASを仲介してhtml（JavaScript）とスプレッドシートのデータ連携をします。

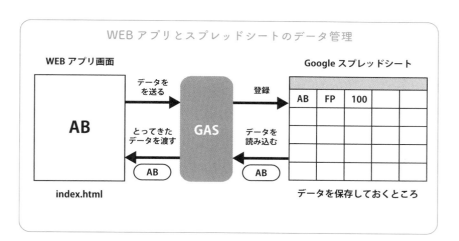

WEBアプリとスプレッドシートのデータ管理

アプリ開発の準備

今回はGASエディター以外に、スプレットシートを使います。

こういった場合は、いつものやり方ではなく、スプレッドシートを先に用意して、スプレッドシートからGASファイルを作成するという手順を取ります（ほかにもやり方はありますので興味ある方は別方法を調べてみてください）。

　まずはGoogleドライブにアクセスして、「新規」メニューから「Googleスプレッドシート」をクリックします。

　するとスプレッドシートの画面が表示されます。左上に表示されている「無題のスプレッドシート」がファイル名になるので、クリックして適宜修正してください。

　この線で囲まれた一つひとつの「セル」にデータを登録していきます。

　このセルは位置によって呼び方（指定の仕方）があって、たとえば左上のA列の1行目をセルA1と呼びます。プログラムでもこのアルファベットと数字を組み合わせて、データの位置や範囲を指定します。

　次にGASを作成してエディターを起ち上げます。上のメニュー「拡張機能」から「Apps Script」を選択します。

いつものGASエディター画面が表示されました。

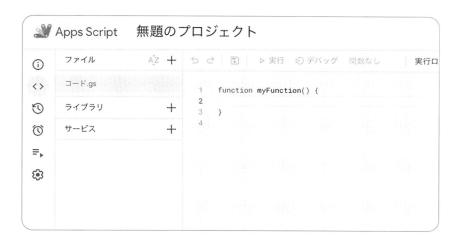

　HTMLファイルが必要なのでいつものように「index.html」を作っておきましょう。

プロンプトを作ってコードを書いてもらおう

　画面イメージから私が作ったのはこのプロンプトです。今回はエラーハンドリングに関してプロンプトを書いています。また、データを扱うアプリなので、データの保存についても、記述しておきます。

 ChatGPTに投げるプロンプト

以下の条件で、WEBアプリのGASコードを書いて
概要
書籍のデータが管理できるアプリ
データの形式や種類
文字（日本語・半角英文字）、数字
データの保存と読み込み
-Googleスプレッドシートに1行ずつ本のタイトルと値段を入れる
-Googleスプレッドシートからデータを読み込む
表示するもの
- 登録ボタン
- 登録用の入力フォーム
　　タイトル、値段
- 検索ボタン
- 検索キーワードを入れる入力フォーム
- 削除ボタン
- 削除用の入力フォーム
- レイアウトは次のとおり
[入力フォーム][入力フォーム][登録ボタン]
[検索キーワード入力フォーム][検索ボタン]
[削除入力フォーム][削除ボタン]

　 # 仕様
- 登録用入力フォームに本のタイトル、値段を入れて登録ボタンを押すと、データが登録される
- 検索用の入力フォームに本のタイトルを入れて検索ボタンを押すと、そ

のタイトルの本のタイトルと値段が表示される

-削除用の入力フォームに本のタイトルを入れて削除ボタンを押すと、スプレッドシートに入っているその本のタイトルのデータが削除される

#エラーハンドリング:

入力フォームが空白でボタンをおしたら「文字」をいれてくださいと表示する

入力フォームの内容がデータになければ、「データがない」と表示する

#必須条件

-index.html と code.gs ファイルの記述をおしえて

-css、JavaScript は index.html に記述して

-doGet()は必ずいれて

 ChatGPT の回答【index.html】

```html
<!DOCTYPE html>
<html lang="ja">
<head>
    <meta charset="UTF-8">
    <meta name="viewport" content="width=device-width, initial-scale=1.0">
    <title>書籍管理アプリ</title>
    <style>
      body {
        font-family: 'Arial', sans-serif;
        text-align: center;
      }
      input, button {
        margin: 5px;
      }
    </style>
</head>
```

```
<body>
    <h1>書籍管理アプリ</h1>

    <!-- 登録フォーム -->
    <div>
      <input type="text" id="titleInput" placeholder="本のタイトル">
      <input type="number" id="priceInput" placeholder="値段">
      <button onclick="registerBook()">登録ボタン</button>
    </div>

    <!-- 検索フォーム -->
    <div>
      <input type="text" id="searchInput" placeholder="検索キーワード">
      <button onclick="searchBook()">検索ボタン</button>
    </div>

    <!-- 削除フォーム -->
    <div>
      <input type="text" id="deleteInput" placeholder="削除する本のタイトル">
      <button onclick="deleteBook()">削除ボタン</button>
    </div>

    <!-- 結果表示エリア -->
    <div id="resultArea"></div>

    <script>
      function registerBook() {
        var title = document.getElementById('titleInput').value;
        var price = document.getElementById('priceInput').value;

        if (!title || !price) {
          alert('文字を入力してください');
```

```
      return;
  }

  google.script.run.registerBook(title, price);
}
function searchBook() {
  var keyword = document.getElementById('searchInput').value;

  if (!keyword) {
    alert('文字を入力してください');
    return;
  }

    google.script.run.withSuccessHandler(displayResult).
searchBook(keyword);
  }

  function deleteBook() {
    var titleToDelete = document.getElementById('deleteInput').value;

    if (!titleToDelete) {
      alert('文字を入力してください');
      return;
    }

      google.script.run.withSuccessHandler(displayResult).
deleteBook(titleToDelete);
  }

  function displayResult(result) {
    document.getElementById('resultArea').innerText = result;
  }
```

```
    </script>
  </body>
</html>
```

```javascript
function doGet() {
    return HtmlService.createHtmlOutputFromFile('index')
    .setTitle('書籍管理アプリ')
    .setSandboxMode(HtmlService.SandboxMode.IFRAME);
}


function registerBook(title, price) {
    var sheet = SpreadsheetApp.getActiveSpreadsheet().getActiveSheet();
    sheet.appendRow([title, price]);
}


function searchBook(keyword) {
    var sheet = SpreadsheetApp.getActiveSpreadsheet().getActiveSheet();
    var data = sheet.getDataRange().getValues();

    var result = 'データがない';

    for (var i = 1; i < data.length; i++) {
      if (data[i][0].includes(keyword)) {
        result = 'タイトル: ' + data[i][0] + ', 値段: ' + data[i][1];
        break;
      }
    }

    return result;
}
```

```
function deleteBook(titleToDelete) {
    var sheet = SpreadsheetApp.getActiveSpreadsheet().getActiveSheet();
    var data = sheet.getDataRange().getValues();

    var result = 'データがない';

    for (var i = 1; i < data.length; i++) {
     if (data[i][0] === titleToDelete) {
       sheet.deleteRow(i + 1); // i + 1 because row indices start from 1
       result = '削除しました';
       break;
     }
    }

    return result;
}
```

 コードを読もう

　今回初めてGASでスプレッドシートと連携をしました。いままではプログラムがほとんどJavaScriptに書かれていましたが、今回はスプレッドシートのデータとのやりとりの部分がGASに書かれています。

　Google関連のアプリ、スプレッドシートやカレンダー、メールなどとアプリを連携する場合はGASの記述が多くなります。特にスプレッドシートは、データベースの代わりになり、ドキュメント作成にも使えます。

　まずは、GASコードを読んでいきましょう。GASコードにはfunctionがいくつか記述されています。GASに書かれたfunctionはGASから実行する（呼び出す）こともできますし、HTML内のJavaScriptからも実行することができます。

今回のHTML（JavaScript）にあるこの記述が、GASに書いてある関数を実行する記述です。

```
google.script.run.registerBook(title, price);
```

google.script.runのあとに実行したい関数と引数を書けば実行できます。

GAS内の関数を見ていきます。次のfunctionは、画面で入力された本のタイトルと金額をスプレッドシートに保存する機能です。

```
function registerBook(title, price) {
    var sheet = SpreadsheetApp.getActiveSpreadsheet().
getActiveSheet();
    sheet.appendRow([title, price]);
}
```

日本語にするとこんな感じです。

```
sheet は スプレッドシートアプリのアクティブなシート
sheetに title と price を登録
```

アクティブなシートとは、このGASに紐づいているスプレッドシートを意味します。どのスプレッドシートのデータを読み書きするか探して、そのシートにメソッドを実行していきます。ここではsheetをアクティブなシートとしています。

```
var sheet = SpreadsheetApp.getActiveSpreadsheet().
```

```
getActiveSheet();
```

SpreadsheetAppが持つメソッドが連なっているのがわかると思います。このやり方以外にもスプレッドシートが持つ固有IDを指定することもできます。

次のコードでsheetが持つメソッドを使ってデータを登録しています。

```
sheet.appendRow([title, price]);
```

同じようにsearchBook関数でもアクティブなシートを指定して、そこにgetDataRange()というメソッドとgetValues()というメソッドを実行しています。

```
function searchBook(keyword) {
    var sheet = SpreadsheetApp.getActiveSpreadsheet().
getActiveSheet();
    var data = sheet.getDataRange().getValues();
・・・
```

getDataRange()メソッドはデータが存在する範囲を取得するメソッドで、getValues()は値を取得するメソッドです。

dataにはシートにデータが存在する範囲の値が全部配列として入ってきます。下に続くコードでは、forを使ってdataに入っている値の中で本のタイトルと一致するのを探して、if文で一致するのがあれば、result変数にそのタイトルと価格を代入しています。

```
var result = 'データがない';

for (var i = 1; i < data.length; i++) {
  if (data[i][0].includes(keyword)) {
    result = 'タイトル: ' + data[i][0] + ', 値段: ' + data[i][1];
    break;
  }
}

return result;
}
```

メソッドと配列、forとifがわかればこのあたりは楽勝ですね。

 ## いつもと違うデプロイのステップ

次はデプロイです。今回はスプレッドシートと連携しているので「新しい
デプロイ」から「デプロイ」をしようとすると、いつもと違う画面が表示さ
れます。

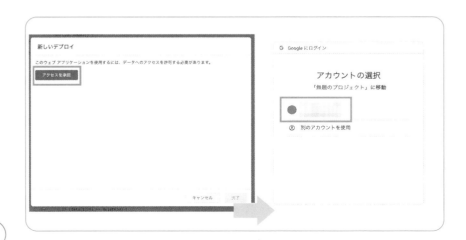

　スプレッドシートやほかのアプリとGASを連携させる場合は、最初だけアクセス承認する必要があります。次の手順で進めてください。
「アクセスを承認」をクリックします。次にまた違う画面が表示されます。アクセスするユーザーを選択します。

　Googleに検証されていないアプリを実行しようとした場合、下の画面が表示されます。この画面が出た場合は、左下、「Advanced」をクリックしましょう。

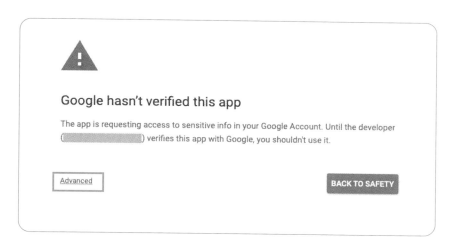

　自分のアドレスが表示されていると思いますが、説明文を読んだ上、下のリンク（Go to…と書かれているところ）をクリックします。

　次の画面が表示されるので、内容を十分に理解した上で問題なければ「Allow」をクリックします。

Google hasn't verified this app

The app is requesting access to sensitive info in your Google Account. Until the developer
(_____) verifies this app with Google, you shouldn't use it.

Hide Advanced   **BACK TO SAFETY**

Continue only if you understand the risks and trust the developer (_____).

Go to _____ (unsafe)

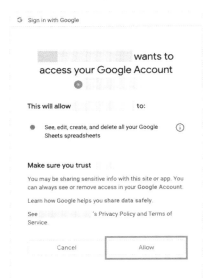

G Sign in with Google

_____ **wants to
access your Google Account**

This will allow _____ **to:**

● See, edit, create, and delete all your Google   (i)
Sheets spreadsheets

Make sure you trust _____

You may be sharing sensitive info with this site or app. You
can always see or remove access in your Google Account.

Learn how Google helps you share data safely.

See _____'s Privacy Policy and Terms of
Service.

Cancel   Allow

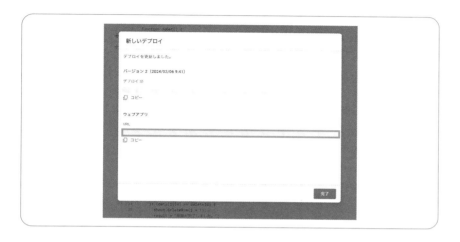

承認作業が終わると、いつもの WEB アプリの URL がでてくるのでクリックして表示してみましょう。

デプロイした画面がこちらです。

書籍管理アプリ

| 本のタイトル | 値段 | ⬍ | 登録ボタン |

| 検索キーワード | 検索ボタン |

| 削除する本のタイトル | 削除ボタン |

　一番上のフォームで本のタイトルと値段を入れた後のスプレッドシートは次のページの図のようになります。

　データの登録はできたのですが、検索がうまくいきません。データを登録

してみると2行目以降は検索や削除ができることがわかりました。コードを見てわかったのですが、ChatGPTは、スプレッドシートの1行目はデータの項目を書くヘッダー行としていて、1行目は検索対象外になっていました。

	A	B	C
E7	▼	*fx*	
1	小説	500	
2			
3			
4			
5			

そこで次の修正プロンプトを入れて修正をかけました。

ChatGPTに投げるプロンプト

このコードのままで次の修正をして
–スプレッドシートの1行目が無視されているので、1行目のデータも検索、削除の範囲にいれて

ChatGPTの回答【Code.gs】

```
// ...（前のコード省略）

function searchBook(keyword) {
    var sheet = SpreadsheetApp.getActiveSpreadsheet().
getActiveSheet();
    var data = sheet.getDataRange().getValues();

    var result = 'データがない';
```

```
    for (var i = 0; i < data.length; i++) { // 修正 : i の初期値を 0 に変
更
      if (data[i][0].includes(keyword)) {
        result = 'タイトル : ' + data[i][0] + ', 値段 : ' + data[i][1];
        break;
      }
    }
    return result;
}


function deleteBook(titleToDelete) {
    var sheet = SpreadsheetApp.getActiveSpreadsheet().
getActiveSheet();
    var data = sheet.getDataRange().getValues();

    var result = 'データがない';

    for (var i = 0; i < data.length; i++) { // 修正 : i の初期値を 0 に変
更
      if (data[i][0] === titleToDelete) {
        sheet.deleteRow(i + 1); // i + 1 because row indices start
from 1
        result = '削除しました';
        break;
      }
    }

    return result;
}
```

Code.gsの一部の修正コードだけが出てきました。コードが長くなったり、修正部分が一部だったりする場合は、ときどきこのように修正箇所だけ表示されることがあります。コードが読めないと、「ん？」となってこのコードを丸ごとcode.gsに上書きしてしまうこともあるでしょう。

　みなさんはコードが読めるので、code.gsのどこに貼り付ければいいかわかると思います。‖で区切られたfunctionが2つあることがパッとみてわかると思います。Code.gsにいま書いてあるfunction searchBook()‖・・・‖とfunction deleteBook()‖・・・‖を削除して先ほどのコードを貼り付けてしまえばOKです。実行するとうまくいくようになりました。

　コードが読めることの重要性はこういったところにもあります。デザインもいろいろ調整してみてください。

　このアプリも機能がいろいろ追加できると思います。編集機能や、データの全表示、検索もタイトルに検索キーワードが入っていれば完全一致しなくても結果表示させる（あいまい検索）など、業務でも使えるアプリになると思います（公開時は公開範囲に気をつけてください）。

【アプリ開発④】これで業務効率化！「ドキュメント（帳票）作成アプリ」

　見積書や請求書、仕事ではいろんなドキュメントを扱うことがあると思います。次は請求書を作成するアプリを作ってみましょう。請求書はほかのアプリやサービスで管理されていることも多いと思います。

　今回は請求書を作成しますが、別のドキュメントでも作りは同じなので、別のものに置き換えて作ってみるのもいいでしょう。今回もスプレッドシートを使います。

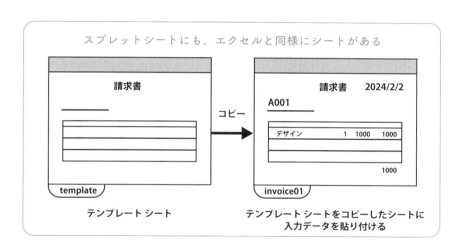

スプレットシートにも、エクセルと同様にシートがある

請求書

コピー

請求書　2024/2/2

A001

| デザイン | 1 | 1000 | 1000 |

1000

template

invoice01

テンプレートシート

テンプレートシートをコピーしたシートに入力データを貼り付ける

　シートというのはエクセルのシートと同じで、簡単にいうと表を作成するための画面です。シートは1つのファイルの中に何枚も作れます。

 ## テンプレートシートの準備

　まずはシートを作成します。データ管理アプリと同様にGoogleドライブからスプレッドシートを作成してください。まずは、シート名をわかりやすく「template」に変更します。シート名は、スプレッドシート画面の左下に

ある「シート1」という部分です。これを「template」に修正します。

シート名を変更したら、請求書のテンプレートを作成します。
今回作成したのは次図になります。

項目		件数	単価	合計

御請求書
日付
A株式会社

合計

　みなさんは同じテンプレートでなくても構いませんが、プロンプトには、
『セル（データが入るところ）のどの部分にどのデータをいれて』という指示
を書いていくので、テンプレートのデータを入れる位置と、プロンプトの指
示が合うようにしてください。

　たとえば先ほどの図では、A1セルに、請求書の「管理番号」を入れるようになるので、プロンプトは次のように指示しています。

・・・次のセルに対象データを入力する
　-A1:契約書番号

 プロンプトを書いて実行しよう

　ドキュメント（帳票）作成アプリのプロンプトはこちらです。テンプレートシート名、入力するセルの位置を指定しています。

 ChatGPTに投げるプロンプト

以下の条件で、WEBアプリのGASコードを書いて
#概要
請求書のデータを作成できるアプリ
#データの保存と読み込み
-Googleスプレッドシートに保存
#表示するもの
-請求書のデータ入力フォーム
　-請求書番号
　-作成日
　-件名
　-[項目名][件数][単価]　横並びで表示

#仕様
-請求書のデータ入力フォームにデータを入れて請求書作成ボタンをクリックすると、スプレッドシートの[template]シートを複製して新しいシートを用意して次のセルに対象データを入力する
　-A1:契約書番号
　-E2:作成日

-A4:件名

　　　-A8:項目

　　　-C8:件数

　　　-D8:単価

　　　-E8:件数と単価を掛けた結果を入力

　　　-E18:E8からE12までの合計を入力

　-請求書の作成が完了したら「作成完了」と表示

必須条件

-index.html と code.gs ファイルの記述をおしえて

-css、JavaScriptはindex.htmlに記述して

-doGet()は必ずいれて

　上から11行目の請求書の項目の表示部分ですが、実は最初は入力フォームを5つ作成してくれと指示したのですが、何回やってもうまくいかず、それが原因でうまく請求書を作ってくれませんでした。

　こういった場合は、ステップバイステップで機能を追加していくやり方で進めます。

　ということで、最初のプロンプトでは、請求書の項は1つずつ入力するようにしました。今回のように少し複雑な仕様だと、コードが書かれず省略されることがあります。省略されている部分は、コメントに「ここにコードを書いて（Add code ….)」のような文言が書かれます。

　そういった場合は、次のどちらかで対応をしましょう。

☑省略されている部分だけ書き出してもらう

☑再回答してもらうボタンをクリックして、コードがすべて表示されるのを待つ

 ChatGPT の回答【index.html】

<!DOCTYPE html>

<html>

```html
<head>
  <base target="_top">
  <style>
    /* Add your CSS styles here */
    body {
      font-family: Arial, sans-serif;
    }

    label {
      display: block;
      margin-top: 10px;
    }
  </style>
</head>

<body>
  <h2>請求書データ入力フォーム</h2>

  <form id="invoiceForm">
    <label for="invoiceNumber">請求書番号:</label>
    <input type="text" id="invoiceNumber" required>

    <label for="createdDate">作成日:</label>
    <input type="date" id="createdDate" required>

    <label for="subject">件名:</label>
    <input type="text" id="subject" required>

    <label for="item">項目:</label>
    <input type="text" id="item" required>

    <label for="quantity">数量:</label>
```

```html
<input type="number" id="quantity" required>

<label for="unitPrice">単価:</label>
<input type="number" id="unitPrice" required>

<button type="button" onclick="createInvoice()">請求書作成</button>
</form>

<p id="resultMessage"></p>

<script>
  // Add your JavaScript code here
  function createInvoice() {
    var invoiceNumber = document.getElementById('invoiceNumber').value;
    var createdDate = document.getElementById('createdDate').value;
    var subject = document.getElementById('subject').value;
    var item = document.getElementById('item').value;
    var quantity = document.getElementById('quantity').value;
    var unitPrice = document.getElementById('unitPrice').value;

    google.script.run.withSuccessHandler(displayResult).withFailureHandler(displayError)
        .createInvoice(invoiceNumber, createdDate, subject, item, quantity, unitPrice);
  }

  function displayResult(result) {
    document.getElementById('resultMessage').innerHTML = result;
  }

  function displayError(error) {
    document.getElementById('resultMessage').innerHTML = 'エラーが発生しま
```

```
した:' + error.message;
      }
    </script>
  </body>


</html>
```

ChatGPT の回答【Code.gs】

```
function doGet() {
    return HtmlService.createHtmlOutputFromFile('index');
}


function createInvoice(invoiceNumber, createdDate, subject, item, quantity,
unitPrice) {
    try {
    // スプレッドシートの取得(あらかじめ作成しておく)
    var ss = SpreadsheetApp.getActiveSpreadsheet();
    var templateSheet = ss.getSheetByName('template');

    // 新しいシートを複製
     var newSheet = ss.insertSheet('Invoice_' + invoiceNumber, { template:
templateSheet });

    // 新しいシートにデータを入力
    newSheet.getRange('A1').setValue(invoiceNumber);
    newSheet.getRange('E2').setValue(createdDate);
    newSheet.getRange('A4').setValue(subject);
    newSheet.getRange('A8').setValue(item);
    newSheet.getRange('C8').setValue(quantity);
    newSheet.getRange('D8').setValue(unitPrice);
    newSheet.getRange('E8').setFormula('C8*D8');
```

```
newSheet.getRange('E18').setFormula('SUM(E8:E12)');

    return '請求書の作成が完了しました。';
  } catch (error) {
    throw new Error('エラーが発生しました。詳細: ' + error.message);
  }
}
```

　入力した内容が指定した位置に入っています。合計は、2箇所ともきちん
と計算してくれています。スプレッドシートのほうで、セルに計算式を設定
しておいてもいいのですが、プログラムでもできるため、コードに書いても
らうようにしました。

アプリ画面とドキュメント（帳票）出力画面

複数項目入力できるように修正をする

　次は請求書の項目をいくつか追加できるようにしましょう。5セットそれ
ぞれ、「項目」「件数」「単価」の入力フォームができるイメージでプロンプト
を書きました。

 ChatGPTに投げるプロンプト

このコードのままで次の機能を追加して
-index.htmlに項目、件数、単価を入力する入力フォームをあと4つずつ
追加する
-入力した項目はそれぞれシートのA8からA12まで、
件数はそれぞれシートのC8からC12まで
単価はそれぞれシートのD8からD12まで　入力されるようにする

　みなさんの実行結果コードは違うかもしれませんが、実際に出来上がっ
たコードは、フォームが5つではなく、4つになってしまいました。せっか
くなので、コードを読んで、フォームが5つになるよう修正をしてみましょ
う。コードが読めれば、自分でコードの修正もできるようになります。
　修正するコードはこちら

 ChatGPTの回答【index.html】

```html
<!DOCTYPE html>

<html>

<head>
    <base target="_top">
    <style>
      /* Add your CSS styles here */
      body {
        font-family: Arial, sans-serif;
```

```
        }

      label {
        display: block;
        margin-top: 10px;
      }
    </style>
</head>

<body>
    <h2>請求書データ入力フォーム</h2>

    <form id="invoiceForm">
      <label for="invoiceNumber">請求書番号:</label>
      <input type="text" id="invoiceNumber" required>

      <label for="createdDate">作成日:</label>
      <input type="date" id="createdDate" required>

      <label for="subject">件名:</label>
      <input type="text" id="subject" required>

      <label for="item1">項目1:</label>
      <input type="text" id="item1" required>
      <label for="quantity1">数量1:</label>
      <input type="number" id="quantity1" required>
      <label for="unitPrice1">単価1:</label>
      <input type="number" id="unitPrice1" required>

      <label for="item2">項目2:</label>
      <input type="text" id="item2" required>
      <label for="quantity2">数量2:</label>
```

```html
<input type="number" id="quantity2" required>
<label for="unitPrice2">単価2:</label>
<input type="number" id="unitPrice2" required>

<label for="item3">項目3:</label>
<input type="text" id="item3" required>
<label for="quantity3">数量3:</label>
<input type="number" id="quantity3" required>
<label for="unitPrice3">単価3:</label>
<input type="number" id="unitPrice3" required>

<label for="item4">項目4:</label>
<input type="text" id="item4" required>
<label for="quantity4">数量4:</label>
<input type="number" id="quantity4" required>
<label for="unitPrice4">単価4:</label>
<input type="number" id="unitPrice4" required>

<button type="button" onclick="createInvoice()">請求書作成</button>
</form>

<p id="resultMessage"></p>

<script>
  // Add your JavaScript code here
  function createInvoice() {
    var invoiceNumber = document.getElementById('invoiceNumber').value;
    var createdDate = document.getElementById('createdDate').value;
    var subject = document.getElementById('subject').value;

    var items = [];
    var quantities = [];
```

```javascript
      var unitPrices = [];

      for (var i = 1; i <= 4; i++) {
        items.push(document.getElementById('item' + i).value);
        quantities.push(document.getElementById('quantity' + i).value);
        unitPrices.push(document.getElementById('unitPrice' + i).value);
      }

      google.script.run.withSuccessHandler(displayResult).withFailureHandler(displayError)
          .createInvoice(invoiceNumber, createdDate, subject, items, quantities, unitPrices);
    }

    function displayResult(result) {
      document.getElementById('resultMessage').innerHTML = result;
    }

    function displayError(error) {
      document.getElementById('resultMessage').innerHTML = 'エラーが発生しました: ' + error.message;
    }
    </script>
</body>

</html>
```

```javascript
function doGet() {
    return HtmlService.createHtmlOutputFromFile('index');
}
```

```
function createInvoice(invoiceNumber, createdDate, subject, items, quantities,
unitPrices) {
    try {
        // スプレッドシートの取得（あらかじめ作成しておく）
        var ss = SpreadsheetApp.getActiveSpreadsheet();
        var templateSheet = ss.getSheetByName('template');

        // 新しいシートを複製
        var newSheet = ss.insertSheet('Invoice_' + invoiceNumber, { template:
templateSheet });

        // 新しいシートに基本データを入力
        newSheet.getRange('A1').setValue(invoiceNumber);
        newSheet.getRange('E2').setValue(createdDate);
        newSheet.getRange('A4').setValue(subject);

        // データを入力する行の開始位置
        var startRow = 8;

        // 各項目をシートに入力
        for (var i = 0; i < items.length; i++) {
            newSheet.getRange('A' + (startRow + i)).setValue(items[i]);
            newSheet.getRange('C' + (startRow + i)).setValue(quantities[i]);
            newSheet.getRange('D' + (startRow + i)).setValue(unitPrices[i]);
            newSheet.getRange('E' + (startRow + i)).setFormula('C' + (startRow + i) +
'*D' + (startRow + i));
        }

        // 合計を計算して入力
        newSheet.getRange('E18').setFormula('SUM(E' + startRow + ':E' +
(startRow + items.length - 1) + ')');
```

```
      return '請求書の作成が完了しました。';
   } catch (error) {
      throw new Error('エラーが発生しました。詳細: ' + error.message);
   }
}
```

　現状は、請求書の明細項目が4セット表示されているので、1セット追加する修正をしていきます。

　まずはindex. htmlからです。項目、数量という記述を探していきます。

同じような記述が4つ並んでいるのがわかると思います。

```
<label for="item4">項目4:</label>
   <input type="text" id="item4" required>
   <label for="quantity4">数量4:</label>
   <input type="number" id="quantity4" required>
   <label for="unitPrice4">単価4:</label>
   <input type="number" id="unitPrice4" required>
```

　の部分が入力フォームだというのがわかりますよね。

　この1セットをそのまま下にコピペして、数字が4になっているところを5に書き換えます。これで入力フォームは表示されるようになったので、htmlタグの修正はOKです。

```
<label for="item5">項目5:</label>
   <input type="text" id="item5" required>
   <label for="quantity5">数量5:</label>
   <input type="number" id="quantity5" required>
   <label for="unitPrice5">単価5:</label>
   <input type="number" id="unitPrice5" required>
```

次に、JavaScriptの中で、怪しいところはないか探していきます。

ありました。forの繰り返しです。数字をみると1から4まで繰り返しています。

```
for (var i = 1; i <= 4; i++) {
        items.push(document.getElementById('item' +
i).value);
        quantities.push(document.
getElementById('quantity' + i).value);
        unitPrices.push(document.
getElementById('unitPrice' + i).value);
    }
```

これは入力フォームのidが、item1からitem4までの入力データをとってくるというコードになっています。ほかの数量や単価も同じです。('item' + i).value）という記述を見ると、たとえばfor文でiに1が入ったとき、「item1の値」を意味することがわかります。

forで繰り返すのを4までででなく、5に変更します。

```
for (var i = 1; i <= 5; i++) {
```

これでhtmlの修正は完了です。

次はGASを見ていきましょう。JavaScriptやHTMLと同じように、繰り返されている部分を見ていきます。for文がありました。コメントには「各項目をシートに入力」と書いています。

235

```
    // 各項目をシートに入力
    for (var i = 0; i < items.length; i++) {
        newSheet.getRange('A' + (startRow + i)).
setValue(items[i]);
        newSheet.getRange('C' + (startRow + i)).
setValue(quantities[i]);
        newSheet.getRange('D' + (startRow + i)).
setValue(unitPrices[i]);
        newSheet.getRange('E' + (startRow + i)).setFormula('C'
+ (startRow + i) + '*D' + (startRow + i));
    }
```

このforが5回繰り返されれば良さそうですが、iは0からitems.lengthという値まで繰り返されています。

items.lengthは.（ドット）のあとに()がついていないので、中身はitemsのlengthプロパティ（長さを意味します）ということがわかります。

次はitemsを探します。createInvoiceの()の中、つまり引数に入っているのがわかりました。

```
function createInvoice(invoiceNumber, createdDate, subject,
items, quantities, unitPrices) {
```

引数に入っているということは、どこかcreateInvoice関数を実行したところからitemsがここに渡されていることになります。createInvoiceはHTML内のJavaScriptで呼ばれています。

```
    for (var i = 1; i <= 5; i++) {
        items.push(document.getElementById('item' +
i).value);
```

```
        quantities.push(document.getElementById('quantity' +
i).value);
        unitPrices.push(document.getElementById('unitPrice'
+ i).value);
    }

google.script.run.withSuccessHandler(displayResult).withFail
ureHandler(displayError)
        .createInvoice(invoiceNumber, createdDate, subject,
items, quantities, unitPrices);
```

itemsは先ほど修正したfor文の中で、入力フォームに入った値を入れるのに使われていました。for文より上をみると items = [] と書いてあり、itemsは配列だということがわかります。

```
    var items = [];
    var quantities = [];
    var unitPrices = [];
```

つまり、items.length は配列に入っている値の数なので、5になります。
少し長旅になりましたが、GASのほうのfor文は5回繰り返していることがわかりました。修正は必要ないですね。

実行結果は次の通りです。

項目	件数	単価	合計
			A001 御請求書

```
A001                          御請求書
                                                2024-02-13
                                                A株式会社
WEB制作費


項目              件数      単価      合計
デザイン費           20      2000     40000
コーディング費         1      1000      1000
サーバー費           1       500       500
ドメイン費           1       300       300
保守費             1       500       500




                        合計          42300
```

　請求書だけではなく、帳票のテンプレートをオリジナルで作ることができます。今回はドキュメントの作成だけの機能でしたが、1つ前のデータ管理の機能を組み合わせれば、ドキュメント作成・管理アプリができます。

　社内でよく共有して管理されているものも、オリジナルアプリで管理ができてしまいます。データ管理系の既存サービスもすばらしいのですが、どうしても自社用にカスタマイズしたい！ということや既存サービスを契約するほどではないデータ管理業務があると思います。そういった場合は、自分でアプリを作ってしまいましょう。

わからなくなったらココ！GAS/JavaScriptでよく使うコードリスト

 GAS（Google Apps Script）

✅ doGet()
　WEB アプリを実行したときに実行される関数

✅ HtmlService.createHtmlOutputFromFile('○○')
　○○で指定した HTML を表示する

✅ SpreadsheetApp.getActiveSpreadsheet().getActiveSheet()
　GAS に紐づいたスプレッドシートを取得する

✅ SpreadsheetApp.openById('○○')
　○○で指定したスプレッドシート固有の ID でスプレッドシートを取得する

✅ ○○.getSheetByName('△△')
　△△という名前のシートを取得する

✅ ○○.appendRow(△△)
　シートのオブジェクト○○に値を追加する

✅ ○○.getDataRange()
　○○シートのデータが入っている範囲を取得する

✅ ○○.△△.getValues()
　○○シートの△△の範囲の値を取得する

☑ ○○. △△.getValue()
　　○○シートのセル△△の値を取得する

☑ ○○. △△.setValues()
　　○○シートの△△の範囲に値を挿入する

☑ ○○. △△.setValue()
　　○○シートのセル△△に値を挿入する

🕸 JavaScript

☑ document.getElementById('○○')
　　○○というID名で指定されたタグ要素を取得します（指します）

☑ document.getElementById('○○').addEventListener('click', function() {
　　△△
　　});
　　○○というID名で指定されたタグがクリックされたら△△の部分に書か
れたコードを実行します。

☑ document.getElementById('○○').innerText = △△;
　　○○で指定したタグの中身の文字を△△に変更します

☑ document.getElementById('○○').innerHTML = △△;
　　○○で指定したタグの中身を△△（HTMLタグが入ったもの）に変更しま
す

☑ document.querySelector('○○')
　　○○で指定したタグ要素で一番最初に一致するのを取得します（指しま
す）
　　例）document.querySelector('.abc')

class="abc" が指定されたタグを取得します。複数あったらHTML内の一番最初のタグが対象になります。

☑ document.querySelectorAll('○○')

　　○○で指定した要素をすべて取得します（指します）

　　例）document.querySelector('.abc')

　　class="abc" が指定されたタグをすべて取得します。取得したタグ要素は配列として扱えます。

☑ ○○.style.△△ = □□;

　　○○のデザインの△△（色とか大きさとか）を□□（値）にします

☑ Math.random()

　　0〜1未満のランダムな数字を作る

☑ ○○.length

　　配列○○の長さ、配列に入っている値の数

　（JavaScriptではなくHTMLの記述ですが）

☑ <button onClick="○○">△△△</button>

　　ボタンをクリックしたらJavaScriptの○○関数を実行する

第**6**章

ChatGPTが
あなただけの先生に！
プログラミングを
学習しよう

さらにハイレベルへ！スキルアップのための3ステップ

　プログラムコードの読み方、プロンプトの書き方について説明してきましたが、さらにハイレベルなプログラマーを目指す場合、自分でコードが書ける必要があります。ChatGPTは何でも教えてくれますし、練習問題と回答も作ることができます。ChatGPTにマンツーマンの先生になってもらって、さらにスキルアップを目指しましょう。

 プログラマーになるための3ステップ

　いろいろやり方はありますが、まずはChatGPTを使って、次のステップで進めていくのがいいと思います。

①何を学ぶか

　プログラム言語はいくつもあります。言語によって給与・報酬も変わってきます。

　まずは「自分がこうなりたい！これができるようになりたい！」という希望を整理して、ChatGPTに何をいま学ぶべきかを聞いてみましょう。たとえばこんな感じです。

 ChatGPTに投げるプロンプト

今はプログラムを勉強し始めたばかりです。
web制作をしたいと思っていますが、プログラム言語はまずは何を学べばいいですか？

 ChatGPTの回答

Web制作に取り組むためには、いくつかのプログラミング言語が役立ちます。以下は、初心者におすすめのプログラミング言語です。

1.HTML/css:
HTMLはウェブページの構造を作成するための言語で、基本的なマークアップを学びます。
cssはスタイルとデザインを追加するためのスタイルシート言語で、HTMLと組み合わせて使います。
2.JavaScript:
ウェブページの動的な要素やインタラクティブな機能を追加するための言語です。
JavaScriptを学ぶことで、クライアントサイドの開発に入ることができます。
3.Python:
ウェブ開発だけでなく、様々な分野で利用される汎用のプログラミング言語です。
DjangoやFlaskなどのフレームワークを使うことで、サーバーサイド開発も行えます。
4.SQL:
データベースの基本的な操作を学ぶことで、データの取得や保存ができます。
これらの言語を学ぶことで、フロントエンド（クライアントサイド）とバックエンド（サーバーサイド）の基本的なスキルを身につけることができます。最初はHTML/cssから始め、次にJavaScriptに進んでみてください。その後、サーバーサイドの開発を学ぶためにPythonやほかの適切な言語に取り組むといいでしょう。学びながら実際にプロジェクトを進めることも大切です。

　HTML/cssはプログラム言語ではないですが、WEBのプログラマーになる場合は、知っておかないといけない知識になります。2番目のJavaScriptは本書でもご紹介している通り、さまざまな機能を作ることができます。
　Pythonも候補に上がっていますが、このほかにjavaやphpなどの言語が挙げられます。最後のSQLは、データ管理アプリのようにデータベースを使うときに必要な知識になります。

②カリキュラムを設定

　ChatGPTに挙げてもらった内容の中で、自分がまずは学習したいものを決めます。そして、その内容を学ぶためのカリキュラムを作ってもらうことができます。たとえば、こんな感じです。

 ChatGPTに投げるプロンプト

HTML/cssについて学ぶためのカリキュラム案を作ってください。

　HTMLとcssを学ぶためのカリキュラム案は以下のようになります。各セクションごとに概要やリソースへのリンクも挙げています。適宜、オンラインの学習プラットフォームやウェブサイトを利用するといいでしょう。

 ChatGPTの回答

初級コース：
1. HTMLの基礎
HTMLの基本構造
タグと属性
リンク、画像、リスト
リソース：

MDN Web Docs – HTML
2. cssの基礎
cssの基本構造と文法
セレクタとプロパティ
レイアウトとボックスモデル
リソース：

MDN Web Docs – css
3. レスポンシブWebデザイン
メディアクエリを使用してレスポンシブなデザインの作成

フレキシブルボックスやグリッドを使用したレイアウト
リソース:

Responsive Web Design Basics
Flexbox Froggy
css Grid Garden
中級コース:
4. JavaScriptの基礎
変数、データ型、制御構造
DOMの基本操作
イベント処理
リソース:

MDN Web Docs - JavaScript
5. JavaScriptとの連携
HTMLとJavaScriptの連携
イベント駆動型のプログラミング
AJAXを使用した非同期通信
リソース:

JavaScript.info
Eloquent JavaScript
上級コース:
6. フレームワークの導入（例: React）
コンポーネントベースのフロントエンド開発
Reactの基本概念と使い方
リソース:

React 公式ドキュメント
7. バックエンド開発（例: Node.js + Express）
サーバーサイドの基本概念
ルーティングとデータベース連携

リソース：

Node.js 公式ドキュメント
Express 公式ドキュメント
このカリキュラムは段階的に難易度を上げ、HTML/cssの基本から始まり、JavaScriptを組み合わせてウェブページの動的な要素を制御し、最終的にはフレームワークやバックエンド開発に進むように構成されています。

　自分がどこから学べばいいかのカリキュラムができました。次は一つひとつ学ぶための知識や練習問題を作ってもらいます。

③ChatGPTが作ったカリキュラムで学ぶ
　上記の例でいうと、まずは初級コースから始めます。初級コースの内容を丸ごとコピーして、「これを教えて」という感じのプロンプトを書けば、丁寧に教えてくれます。
　プロンプトには、ChatGPTに専門の先生になってもらうための前提条件を設定しておくといいでしょう。
　さらにそれを学ぶための実行環境（パソコンで必要なもの・サーバーなど）も聞いておく必要があります。

 ChatGPTに投げるプロンプト

あなたはHTML/cssの専門家として、何も知識がない人に対してわかりやすく説明してください。
以下の内容を学習したいので、内容を教えて
またこれを練習するための実行環境も教えて
初級コース：
1. HTMLの基礎
HTMLの基本構造
タグと属性

リンク、画像、リスト

リソース：

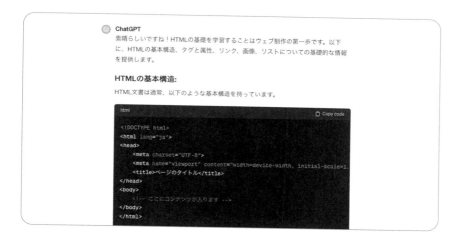

これをひとつずつやっていけばいいですよね。私が以前やっていたプログラミングの先生の仕事もChatGPTがやってくれる時代になりました。

 カリキュラムのスケジュールをつくってもらおう

ChatGPTはこれらのカリキュラムを学ぶスケジュールも作ってくれます。自分でどれくらいの期間でマスターするのかが決まっていれば、それを指定すればいいですし、仕事をやりながら進める必要があれば、そのスケジュールに合わせたプロンプトを書けばいいですね。

 ChatGPTに投げるプロンプト

提示してもらったカリキュラムで、1日1時間でHTML/CSSを学ぶためのスケジュールを出して

1日1時間でHTML/cssを学ぶためのスケジュールを以下に提案します。
週5日のスケジュールで、各日に適切なトピックを学ぶようにしました。
このスケジュールは目安であり、個々の進捗に応じて調整してください。

週1: HTML基礎
日程:

HTMLの基本構造と基本的なタグ
リンク、画像、リストのタグと属性
実践:

簡単なHTMLページを作成してブラウザで表示してみる
週2: css基礎
日程:

cssの基本構造と文法
セレクタとプロパティ
レイアウトとボックスモデル
実践:

作成したHTMLページにcssを追加してデザインを変更する
・・・

スキルアップ問題を好きなだけ出してもらおう

ChatGPTは問題を作ってくれます。さらに解答も用意してくれます。

> **You**
> HTMLの基本構造、タグと属性について問題を5問出してください
>
> **ChatGPT**
> もちろんです！以下にHTMLの基本構造、タグと属性に関する問題を5問用意しました。各問題には解答も含まれていますので、問題を解いた後に答え合わせをしてみてください。
>
> **問題:**
>
> 1. HTML文書の基本構造を示すために使用される宣言は何ですか？
> 2. `<a>`タグの`href`属性は何を指定しますか？
> 3. 画像を表示するためのHTMLタグは何ですか？また、画像の代替テキストを指定する属性は何ですか？
> 4. リストアイテムを表すHTMLタグは何ですか？無順序リストと順序リストのそれぞれで使用されます。
> 5. HTML文書内で特定の文字や要素を強調表示するために使用されるタグは何ですか？
>
> **解答:**
>
> 1. HTML文書の基本構造を示すために使用される宣言は何ですか？
>   * 解答: `<!DOCTYPE html>`
> 2. `<a>`タグの`href`属性は何を指定しますか？
>   * 解答: リンク先のURLを指定します。
> 3. 画像を表示するためのHTMLタグは何ですか？また、画像の代替テキストを指定する属性は何ですか？
>   * 解答: `<img>`タグを使用し、画像の代替テキストは`alt`属性で指定します。

 自分で書いたコードのバグをみつけてもらおう

　ChatGPTはバグ（誤り）を見つけるのも得意です。自分が書いたコードでエラーがでたら、そのコードをそのままChatGPTに貼り付けて、バグがどこにあるかをみてもらうことができます。もうこうなると本当に先生が必要なくなりますよね。

Chapter **6** ChatGPTがあなただけの先生に！ プログラミングを学習しよう

You
下記コードを実行したのですが、うまく機能しません。何が間違っている？
<scropt>
alert('a')
</script>

ChatGPT
コードを見たところ、スクリプト（Script）タグが正しく書かれていません。正しい
タグ名は`<script>`です。間違っている箇所を修正したコードは以下の通りです：

```html
<script>
  alert('a');
</script>
```

主な修正点は`<scropt>`から`<script>`に変更し、alert文の終了にセミコロンを追
加したことです。これにより、コードが正しく機能するようになるはずです。

　このような感じで、みなさんにあったカリキュラムを作ってみてくださ
い。

おわりに

　いかがだったでしょうか。

　ChatGPTはじめ様々なAIがプログラムコードを書いてくれるので、プログラムが読めれば（もしくは読めなくても）仕事を効率化することができることを体感いただけたのではないでしょうか。

　プロンプトを書くということは、ゴールから分解することであり、現在進行中のAI時代は「分解力が9割」といえるでしょう。

　本書を通じて「プログラムを読む力」「分解力」そして「プロンプトを書く力」を身につけていただければ幸いです。

「AI × 自分のできること」を考えながらAI時代を楽しくしていきましょう！

　本書の企画・編集担当の緒方啓吾さん、ご協力いただいた江畑幸一先生、佐藤聖子先生はじめ専門学校の先生、学生の皆さんに感謝申し上げます。

読者特典のお知らせ

本書に掲載しきれなかった「ゲームアプリの章」および本書に掲載している「プロンプト」、「ChatGPTの回答」、「プログラムコード」を下記URLからダウンロードいただけます。

読者特典は下記URLよりダウンロードしてください。

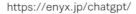

https://enyx.jp/chatgpt/

面倒な作業、全部自動化したい！
ビジネスマンのプログラミング入門決定版

この本の読者におすすめの本です

早く仕事を終わらせたいから、
プログラミング始めました。

熊谷基継（著）／定価：1,848円（税込）／クロスメディア・パブリッシング

ビジネスにおいて定例作業は地味に面倒で手間がかかるものです。ですがそれらは一度プログラムを組めば自動化することが可能です。ほかにも「分解力（最小タスク化能力）」「問題発見力」「問題解決力」「段取り力」などのビジネススキルも身につきます。本書ではプログラミング的思考の身につけ方とともに、Google Apps Script（GAS）を用いて実際に業務効率化に役立つコードを紹介します。

［著者略歴］

熊谷基継（くまがい・もとつぐ）

有限会社ENY 代表取締役／TechKidzACADEMY 主宰

1975年生まれ。青山学院大学理工学研究科博士前期課程修了。
NEC（BIGLOBE）にて販促・営業企画に携わり、企画コンサルティング企業でWEB・システム開発部門長を務める。そのときに得た知識を次の世代に伝えたいと思い、IT専門学校HAL東京の教員に。
現在は、「プログラミングをもっと身近に、わかりやすく」をモットーに、企業の研修講師、社会人向けオンラインプログラム学習サービス「paiza」や教育研修サイト「マイラ」などでのカリキュラム開発のほか、TV・雑誌、各種メディアへのコンテンツ提供をしている。
小中高校生向けのプログラミング教材の開発・コンサルティングも行っており、開発したプログラミング教材は、対馬市教育委員会に認定され、対馬市小学校で採用される。海外のWEBアワード多数受賞。
著書に『親子で学べる いちばんやさしいプログラミング おうちでスタートBOOK』（すばる舎）、『小学校6年生までに必要なプログラミング的思考力が1冊でしっかり身につく本』（かんき出版）、『早く仕事を終わらせたいから、プログラミング始めました。』（小社）などがある。

有限会社ENY
https://eny.fun

ChatGPTと一緒に、
仕事効率化アプリをつくる方法

2024年4月21日　初版発行

著　者	熊谷基継
発行者	小早川幸一郎

発　行　　株式会社クロスメディア・パブリッシング
〒151-0051 東京都渋谷区千駄ヶ谷4-20-3 東栄神宮外苑ビル
https://www.cm-publishing.co.jp
◎本の内容に関するお問い合わせ先：TEL（03）5413-3140／FAX（03）5413-3141

発　売　　株式会社インプレス
〒101-0051 東京都千代田区神田神保町一丁目105番地
◎乱丁本・落丁本などのお問い合わせ先：FAX（03）6837-5023
service@impress.co.jp
※古書店で購入されたものについてはお取り替えできません

印刷・製本　　中央精版印刷株式会社

©2024 Mototsugu Kumagai, printed in Japan　　ISBN 978-4-295-40959-5　　C2034